日本のいちばん長い夏

半藤一利［編］

文春新書

594

日本のいちばん長い夏　目次

●大座談会●

日本のいちばん長い夏　7

この座談会は昭和三十八（一九六三）年六月に行われた。座談会に登場したのは三十人。ある人は帷幕のうちにあり、ある人は前線に、ある人は捕虜収容所にあった。三十の視点から語られた「その日」は、23ページに示した地理的スケールの大きさと、帷幕のなかの出来事をも明かす深さをもって誌上に再現された。

●出席者

会田雄次	荒尾興功	有馬頼義	池田純久	池部　良	今村　均
入江相政	上山春平	江上波夫	大岡昇平	扇谷正造	岡部冬彦
岡本季正	楠　政子	酒巻和男	迫水久常	佐藤尚武	志賀義雄
篠田英之介	鈴木　一	館野守男	徳川夢声	富岡定俊	南部伸清
町村金五	松本俊一	村上兵衛	吉武　信	吉田　茂	ルイス・ブッシュ

●司　会

半藤一利

●出席者三十一人の敗戦時所在図　23

●対　談●

四十四年後の解説　123

松本健一＋半藤一利

この「大座談会」がいかに貴重な証言集であるか──。
日本近代精神史を専門とする松本健一氏を迎えて行った対談のなかに、
その解答を見つけることができる。

●補　論●

日本終戦史の問題点　167

半藤一利

戦争終結決定までの出来事について、いまなお無知や誤解が幅を利かしている。
かつまた謎がすべて明らかにされたわけでもない。
この項は、「四十四年後の解説」のなかでも議論となった
三つの問題について補うものである。

その一　原爆投下について
その二　ソ連仲介による和平について
その三　天皇の「御言葉」について

●コラム●

「証言者それぞれの昭和二十年 夏」石田陽子

会田雄次 95
荒尾興功 35
有馬頼義 19
池田純久 53
池部 良 101
今村 均 31
入江相政 81
上山春平 107
江上波夫 55
大岡昇平 47
扇谷正造 59
岡部冬彦 63
岡本季正 71
楠 政子 115
酒巻和男 39
迫水久常 11
佐藤尚武 33
志賀義雄 21
篠田英之介 25
鈴木 一 49
館野守男 51
徳川夢声 73
富岡定俊 27
南部伸清 75
町村金五 87
松本俊一 29
村上兵衛 109
吉武 信 15
吉田 茂 85
ルイス・ブッシュ 41
半藤一利 13

大座談会

日本のいちばん長い夏

出席者

会田雄次　荒尾興功　有馬頼義　池田純久　池部良　今村均　入江相政
上山春平　江上波夫　大岡昇平　扇谷正造　岡部冬彦　岡本季正　楠政子
酒巻和男　迫水久常　佐藤尚武　志賀義雄　篠田英之介　鈴木一
館野守男　徳川夢声　富岡定俊　南部伸清　町村金五　松本俊一
村上兵衛　吉武信　吉田茂　ルイス・ブッシュ　●司会　半藤一利

この座談会は昭和三十八（一九六三）年六月に行われた。

座談会に登場したのは三十人。

ある人は帷幕《いばく》のうちにあり、ある人は前線に、ある人は捕虜収容所にあった。

三十の視点から語られた「その日」は、23ページに示した地理的スケールの大きさと、帷幕のなかの出来事をも明かす深さをもって誌上に再現された。

初出「文藝春秋」昭和三十八（一九六三）年八月号
初出時タイトル「日本のいちばん長い日」
※出席者の名前のあとの（　）内は昭和二十年当時の役職・所属です

昭和二十年

七月二十七日

（金曜日）

ポツダム宣言発表さる

半藤一利　十八年前の八月十五日――この敗北の日を外地で迎えたもの三百五十万人、本土で軍人として迎えたもの三百七十万人、そのほか数千万人の民衆、その一人々々がこの日を想起するとき、それぞれの感慨があることでしょう。ここに三十人の方々に集っていただきました。ある人は帷幕《いばく》のうちにあり、ある人は前線に、ある人は捕虜収容所にありました。

いまこの日を想起するのは、こんどの戦争で死んだ三百十万人以上の同胞のことを忘れないためなのであります。

さて、昭和二十年七月二十七日、この日、米英華の三国による、降伏条件を受諾するか、戦闘を続けて国土の荒廃をあえてするかの、日本の最後の決定を迫るポツダム宣言が発せられました。
ほとんどの国民はそのことを知らなかった。ただ政府上層部だけが、ポツダム宣言を早朝のサンフランシスコ放送によって聴取し、これを翻訳し検討し、緊張した興奮を示していたといわれています。

徳川夢声（俳優、文筆家）　あのポツダム宣言というのは、政府ではどうだったのです。予期していたのですか。

迫水久常（内閣書記官長）　率直にいって、ポツダム宣言というものをぜんぜん予期していませんでした。いわば寝耳に水。というのは、このころ日本政府はもっぱらソ連を仲介にする和平工作に目を向けていましたからね。近衛文麿公爵を特派大使として派遣することにきめ、佐藤尚武大使をへて、ソ連政府に申入れをしていた。さて、その結果如何と待ちあぐんでいるところに、ポツダム宣言がポカッと出てきた。
その署名国が米英、それに蔣介石の中国ということで、スターリンとモロトフがポツダムへ出かけていることは知っていましたから、ソ連がこれに関与しているだろうか、まずこれが第一の議論だった、と記憶しています。

松本俊一（外務次官）　いや、迫水さんは寝耳に水だということですが、私たち外務省にい

証言者 それぞれの昭和二十年 夏

迫水久常　さこみずひさつね

【座談当時】六十歳。参議院議員。

明治三十五（一九〇二）年、鹿児島県生まれ。東大法学部を卒業後、大蔵省に入省。戦後、公職追放となるが、追放解除とともに政界入りを果たす。池田内閣で経済企画庁長官、郵政大臣を務めた。昭和五十二（一九七七）年、七十四歳で死去。

内閣書記官長は、現在でいえば官房長官。総理大臣の意を体して各所と折衝するもっとも仕事量の多い立場である。昭和二十年八月十四日の早朝、クーデター計画ありの情報を得た迫水は鈴木貫太郎首相に「情勢は緊迫以上です。（略）もうこれ以上議論を重ねてみても、埒があきません。総理、もはや決断あるのみです」「陛下にお願いして、もう一度……」（『日本のいちばん長い日』より）と進言した。そして最後の聖断がくだり終戦にいたった。迫水は阿南陸相を評して、回想録にこう記した。「阿南陸相が本心からの抗戦論者であれば、ここで内閣を総辞職に追い込み、次に軍事内閣を作ることを考えたであろう」（『機関銃下の首相官邸』より）。

十五日正午、官邸職員全員とともに官邸ホールで玉音放送を聞いた。そのあと書記官長室に帰ったときの気持ちを率直に書いた。「当面、国内治安などについて、いいようのない不安を感ずる。……戦争を継続して焦土になってしまったほうがかえって気が楽だったかもしれないとも思った。（略）これらの不安がまったく杞憂に終わったことを思うと、日本は幸運だったとただ天に向って感謝する気持でいっぱいである」（同前）。

有史以来初の敗戦の受け入れは、なまなかのことではなかったことを伝えている。

た連中はある程度予期していたな。アメリカではちょうどあの宣言の内容と同じようなことを、あの前に盛んに放送していましたし、いずれ何か正式にいってくるだろう……。

岡本季正（駐スウェーデン公使）　そうですね。ドイツは崩壊しちゃって残るところは日本だけだ。その日本をどう処理するか、ポツダム会議はそのこと以外に話がないはずだものね。

松本俊一　朝から私たちはその翻訳にとりかかりまして、これはいい機会だから、ただちに宣言を受諾して、和平した方がよいという意見を、私は東郷外務大臣（茂徳氏）に出したのです。スイスの加瀬公使（俊一《としかず》氏）と、ここにおられるスウェーデンの岡本さん宛の、受諾の電信案まで作ってね……。ところが大臣がいわれるのですよ。

「まあ待て、そんなに簡単にはゆかん。軍部がまず絶対に承知しないだろうよ」

迫水久常　政府としましても、全くのところ困りまして、最高戦争指導会議で態度を決定した。それは、とにかくソ連へ仲裁を申しこんでいるのだから、ソ連からなにか言ってきてから返事をしても遅くはないのではないか、ということだった。

はじめは陸軍もそれに賛成していたのですが、そのうちに、第一線のまだ勢いのいいところから、やいやい言ってきたのでしょう、結局、何か政府で意思表示をしてほしいとい

証言者 それぞれの昭和二十年 夏

半藤一利　はんどうかずとし

【座談当時】三十三歳。「文藝春秋」編集部員。

昭和五（一九三〇）年、東京向島生まれ。東大文学部卒業後、文藝春秋入社。「週刊文春」「文藝春秋」編集長、専務取締役を経て平成六（一九九四）年に退社。『漱石先生ぞな、もし』で新田次郎文学賞受賞。『ノモンハンの夏』が山本七平賞を受賞。「歴史探偵」として健在。

三月十日の東京大空襲で奇跡的に助かった半藤少年は疎開して、八月十五日は山本五十六の出身校である長岡中学の三年生だった。

朝から勤労動員先のネジ工場にいた。午前十一時四十五分ごろ、工場の機械は一斉に止まった。

スピーカーの前に集まった中学生はあぐらをかいて座り、「いったい何だろうね」などと囁きあった。正午の時報が鳴り「全国のみなさまご起立願います」というラジオの声で、半藤らはその場に起立した。

「ラジオでは何を言ってるのか全然わからなかったのですが、やがて降伏したとわかり、その日の夕方になってから朝刊を読んで、一番感動したのは、『……帝国臣民にして、戦陣に死し職域に殉じ非命に斃れたる者およびその遺族に想を致せば五内《ごだい》為に裂く……』という箇所です」「そうか、天皇もおれたちに詫びてるんだなとそれとなく受け取って、もともと雲の上の天皇ですから親近感こそ芽生えずとも、怨みを抱くようなことはありませんでした」（『昭和史　戦後篇』より）

半藤が、八月十五日に起きた出来事を調べあげ、『日本のいちばん長い日』となるその原稿を書き上げたのは、中学三年生の夏からちょうど二十年後のことだった。

うことになった。やむなく、政府は積極的に発表はしないけれど、新聞記者から質問されて、それに答えるという格好で、意思を表明しようじゃないか、ときめたのです。あれは翌二十八日だった、でしたかね。

吉武信（朝日新聞政治部、首相官邸記者クラブデスク）　そう、午後四時ごろだったと思います。本当に質問していいのか、と迫水さんにずいぶん念を押したのを覚えています。

迫水久常　質問をしてもいいが、答弁は簡単にする。だから余り大きく扱わないでくれ（笑）。そして記者会見があったのですが、当時は英語を使っちゃいけない時代で、いまなら「ノー・コメント」の一語ですむ。そんな気のきいた言葉が、日本語にないのだな。非常にぎこちなく、

「ポツダム宣言は、カイロ宣言（昭和十八年十一月に発表され、日本に無条件降伏を要求したもの）の焼き直しで重要視しない」

と、こういった。ところが、重要視云々を繰返しているうちに「黙殺」という言葉がでてきた。つまりノー・コメントの意味だったのですが、これを外国に報道する場合、ignore（無視する）となって、更に外国の新聞では、日本はポツダム宣言を reject（拒絶する）した、ということになってしまった。

証言者 それぞれの昭和二十年 夏

吉武　信　よしたけまこと

【座談当時】五十四歳。朝日新聞論説委員。

明治四十二（一九〇九）年、福岡県生まれ。東大経済学部卒業後、朝日新聞社入社。戦後は、長野支局長、政治部次長、論説副主幹を経て、昭和四十二年に退社。その後NHK経営委員、尾崎行雄記念財団理事などを歴任した。平成八（一九九六）年、八十七歳で死去。

七月二十八日午後四時。ポツダム宣言を受けての、鈴木首相の記者会見の場に、首相官邸記者クラブデスクの吉武はいた。「その席にあらわれた鈴木さんの沈痛な顔はよく覚えている」（『昭和史の天皇』より）。八月十四日正午、御前会議において終戦の聖断が下った。その直後、首相官邸の地下広間で行われた記者会見の場にも吉武はいた。国務大臣・情報局総裁下村宏の話を泣きながら筆記した。

「敗戦の日かその翌日の夕方だったと思う。私は長谷川デスクに『民族の遺言』を書きたいと申し出た。ずいぶん大きく出たものである。（略）夜もしらじらと明けはじめたようにさえ記憶している。とうとう私は音をあげた。『すみません。どうしてもできません』」（『紙一枚』より）。吉武の大原稿が紙面を飾ることはなかった。

その二年前のこと。昭和十八年四月から、吉武は内閣の直属機関、総力戦研究所に朝日から出向していた（十二月には研究所そのものが閉鎖された）。戦後、極東軍事裁判でその存在が問われたことがあったが、吉武によれば、「その名が出たときはドキリとした。だが、参考人として呼ばれた当時の軍当局者が、軍の感想そのままに『あれは遊ぶ総力戦』と一笑に付したというのでそれっきりになった」（同前）そうである。

岡本季正　あれは実際にまずかったね。あのためアメリカや英国の新聞論調が一変しましたからね。

松本俊一　岡本さんから電報をたびたび貰って、これは困ったことになったと頭を痛めました。実情はそんなつもりでなかっただけに参ったですよ。

吉武信　「黙殺」という言葉は、外国では非常に強く受けとられたけれど、国内的には当時のギリギリのところでしたでしょうね。蹴とばして戦争を戦い抜くのだ、という威勢のいい論ばかりでしたから。

佐藤尚武（駐ソ連大使）　あのために、米国が原爆を使用し、ソ連が参戦することになったのは、否定できないのではないですか。

岡本季正　私も当時任地にいてそう感じました。これはソ連が宣戦してくるなって。

断末魔の日本本土

江上波夫（文部省研究員）　いまお話を伺っていて驚いたのですが、そんな危険なことがあったとは知らず、私はその二、三日前の七月二十五日に新潟を出て、満州に渡ったのです。本当に、そうと知っていたら出かけるのじゃなかった（笑）。

徳川夢声　何をしにそのころ出かけたのですか。わざわざ危い満州くんだりまで……（笑）。

江上波夫（教育大教授）それがね、東京はそのころ空襲がひどくて、食い物もない。そこで八幡一郎君や岩村忍（京大教授）君らと相談して、若い人たちをこのまま死なすのは惜しい、それにどうせ死なすなら、大陸で、少しでも専門の学問を役立たせてからにしてやりたい、と思ったのです。それで相談したら、文部省も参謀本部もよろしいという……。ところが、空襲がひどくて、なかなか船がない。やっと便が一つだけあって、それ行け、というのが、ちょうどポツダム宣言の前の日だった、というわけです。

村上兵衛（陸軍士官学校教官、陸軍中尉）全く、あのころは空襲がひどかったですからね。私は空襲のいちばん盛んなころ、近衛師団の連隊旗手として宮城《きゅうじょう》を守っていたのですが、一万発ぐらいの焼夷弾が固まって落ちてくるときは、本当にこわかった。ヒューとくると、反射的にパッと伏せるのですが、伏せたって同じですね。

岡部冬彦（陸軍見習士官）伏せた方が危ない。受ける面積が大きくなるから（笑）。

村上兵衛　ぼんやり立っている兵がいると、おい早く伏せろ。そういいながら、俺の方が上官でありながら早く伏せ過ぎた、という呵責の念が起きましてね。

徳川夢声　その中で堂々と火事泥をしている輩《やから》がいたというから、見上げたものです。

有馬頼義（同盟通信記者、防空班長、隣組長）　三月九日の空襲のとき、女房をおいて逃げたという豪の者がいたのですが、そいつを拾ったやつもいる（笑）。

徳川夢声　それは立派です。ちゃんと実用に供したんですからな。

池部良（陸軍中尉）　亭主の方はどうしました。遺棄罪かなにかになるのでしょうね。

徳川夢声　とにかくスーパー・モラルというものでした。内地にいた私たちの半分くらいも、それでしたな。

有馬頼義　空襲といえば、僕にはちょっとした武勇伝があるのですよ。あれは四月ごろだったと思うのですが、B29が頭の上で撃墜されて落ちてきた。屋根の上で見ていたら、その後から白いものがふわっと通ったのです。これが落下傘で、ところが周りは女ばかりで、やむなくひとりでこれを追っかけた。畑の中に工場があって、その辺で見失っちゃったのです。仕方がないので農家へ行って梯子を借りてきて屋根に上った。

岡部冬彦　なかなか大胆不敵ですね。

有馬頼義　屋根に上ったら白いものが見えているので、そいつを引っ張ったが、このときは随分こわかったです。アメリカ兵で、幸いに意識がない。僕はしようがないから、落下

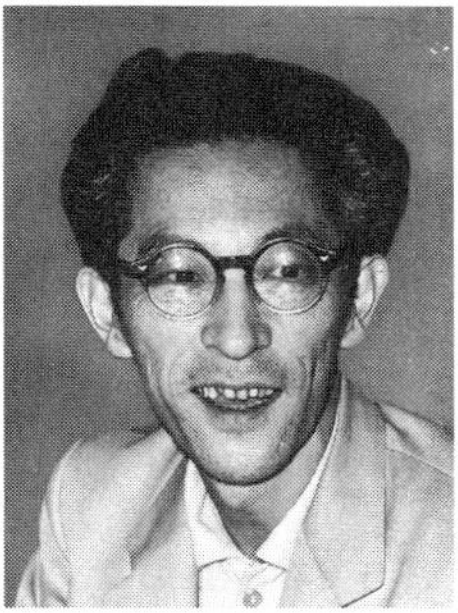

有馬頼義　ありまよりちか

【座談当時】四十五歳。作家。

大正七（一九一八）年、東京生まれ。昭和二十九（一九五四）年に短編集『終身未決囚』で第三十一回直木賞を受賞し、座談当時、売れっ子として作家生活を送っていた。松本清張とならんで社会派推理小説の双璧といわれた。昭和五十五（一九八〇）年、六十二歳で死去。

第一次近衛内閣の農林相で伯爵の、有馬頼寧の三男。十九歳のときに短編集『崩壊』を出版し、その原稿料を受け取ったことが原因で早稲田第一高等学院を放校される。その後兵役について満州に渡り三年間の軍隊生活を送って帰国。同盟通信社社会部記者となった。終戦のころは東京世田谷にて防空班長ならびに隣組長もつとめていた。

空襲で焼かれた人の様子について後に語っている。「体の芯まで焼けて、カラカラになったの……。瞬間的に死んじゃって、まわりが黒くなっているだけで中身はどうもないの……。いろいろありました。ぼくは空襲のたんびに現場にいきましたし、北支の野戦病院にもいたんで、いろんな死に方を知っていますよ。自慢にもなりませんが……」（『文学よもやま話』より）

終戦後は、父、頼寧がA級戦犯容疑者として巣鴨拘置所に拘置され（二十一年八月に釈放）、同時に財産を差し押さえられて無一文となった。古道具屋やビルのガラス磨きをして生計を立て、かたわらカストリ雑誌に小説を書きとばした。有馬の小説『貴三郎一代』の映画化が勝新太郎主演の「兵隊やくざ」シリーズである。昭和四十八年には東京空襲を記録する会の理事長となり、全五巻の『東京大空襲戦災誌——都民の空襲体験記録集』をまとめている。

傘をぐるぐる身体に巻きつけて動けなくしてから、人を呼んだんです。間もなく憲兵がきて、あとはどうなったか知りませんが……。

このとき驚いたのは、この兵隊がもっていた地図をみたら、爆撃予定線がずっと引いてあるのですね。そして、そのとおりに実際の爆撃が行われているのですから、すっかり感心したのを覚えています。

志賀義雄（日本共産党員）　私は昭和三年三月十五日以来ずっと監獄にいたのですが、この間十七年七カ月、ずっと日本の動きを見てきまして実に不思議だったのは、いわゆる流言蜚語《ひご》の類が入ってこないで、真実だけが伝わってくるということでした。あの高い塀を越えてくるのですよ。

たとえば、ノモンハンで日本軍が叩かれましたね、あれは宮様を救出しようと無理な作戦をやったために逆にやられたのだとか、十二月八日の開戦の日なんかも、朝、臨時ニュースを申しあげます……のある前にわかっていたようでした。あの放送は館野さんでしたか。

館野守男（NHKアナウンサー）　そうだったと思いますね。

志賀義雄　そんな具合に、何でもわかる。空襲なんかも手にとるようで（笑）。私たちは

証言者 それぞれの昭和二十年 夏

志賀義雄 しがよしお

【座談当時】六十二歳。日本共産党幹部・衆議院議員。

明治三十四（一九〇一）年、福岡県生まれ。一高（現・東大教養学部）から東大に入学し、翌年共産党に入党する。昭和三（一九二八）年に検挙されてから終戦まで獄中で過ごす。二十年十月に占領軍によって釈放された。

翌年衆議院議員に当選し、以降六回選出された。平成元（一九八九）年、八十八歳で死去。

『獄中十八年』。志賀が戦後すぐ（昭22）に徳田球一と共著で出した本だ。

昭和三年に治安維持法違反で検挙され、十年の刑を受けて非転向のまま十六年に満期となるも、ただちに府中刑務所内予防拘禁所におかれていた。二十年六月になると所内役人たちの取り締まりもゆるくなっていたため、新聞やラジオを自由に見たり聞いたりすることができたから ドイツの降伏も知っており、志賀らは「無条件降伏の発表を待ちかねていた」（『ドキュメント志賀義雄』より）。

八月十四日の晩は、監獄の外を軍隊がそうとう多数移動している様子がわかった。それで、あちこちの高い塀に党員を立たせて外の様子をうかがわせたところ、指揮官らしきものが「今夜はしっかり歩け。歩くのも今日で最後だから」といったのを聞いた、という報告をうけて「これはもういよいよ降伏だ」と志賀は思った。

明けて十五日正午。所長の命令で全員集合して玉音放送を聞いたときのことをこう追想している。

「隣の徳田球一を見ると、天井を向いて平然としてうそぶいているような表情だった。解散後はしばらく、みな顔を見合わせ、目の中で笑っていた」（同前）。

釈放後、ただちに活動を再開した。

空襲になると監獄から構内の庭に出されるのですが、ここが特等席でございました。防空壕なんかありません。

ここで有馬さんと同じような武勇伝があるのですが、あれは五月二十五日だったと思います。私たちの入っていた予防拘禁所に焼夷弾が落ちましてね……役人は、といえば、その日、ちょうど司法省（現在の法務省）から局長だかが来ていて、それと一緒に酒をのんでおりましたよ。それで日本刀などを抜いて、お前たちが暴れたらこれだ、なんて斬る格好をつけておったので、焼夷弾が落ちても役に立たない。

それで、私どもで消しました。屋根裏に落ちたものは、私が燃えさかる屋根にかけ上ってバケツで消しました。

岡部冬彦　バケツ・リレーなんか知っておりましたか。

志賀義雄　私どもの方がうまかったかも知れませんよ。消しましたもの（笑）、とにかく。司法省の管轄で、焼夷弾をおとされて消したのは、予防拘禁所だけでございましたから、役人は、感謝状をもらいましてね。それが私どものお蔭なんです。それからは、私どもにいっさい錠をかけない条件にしました、団体交渉しましてね。徳田（球一氏）が弁護士でございますから、交渉なんかうまいものでしてね（笑）。

出席者31人の敗戦時所在図

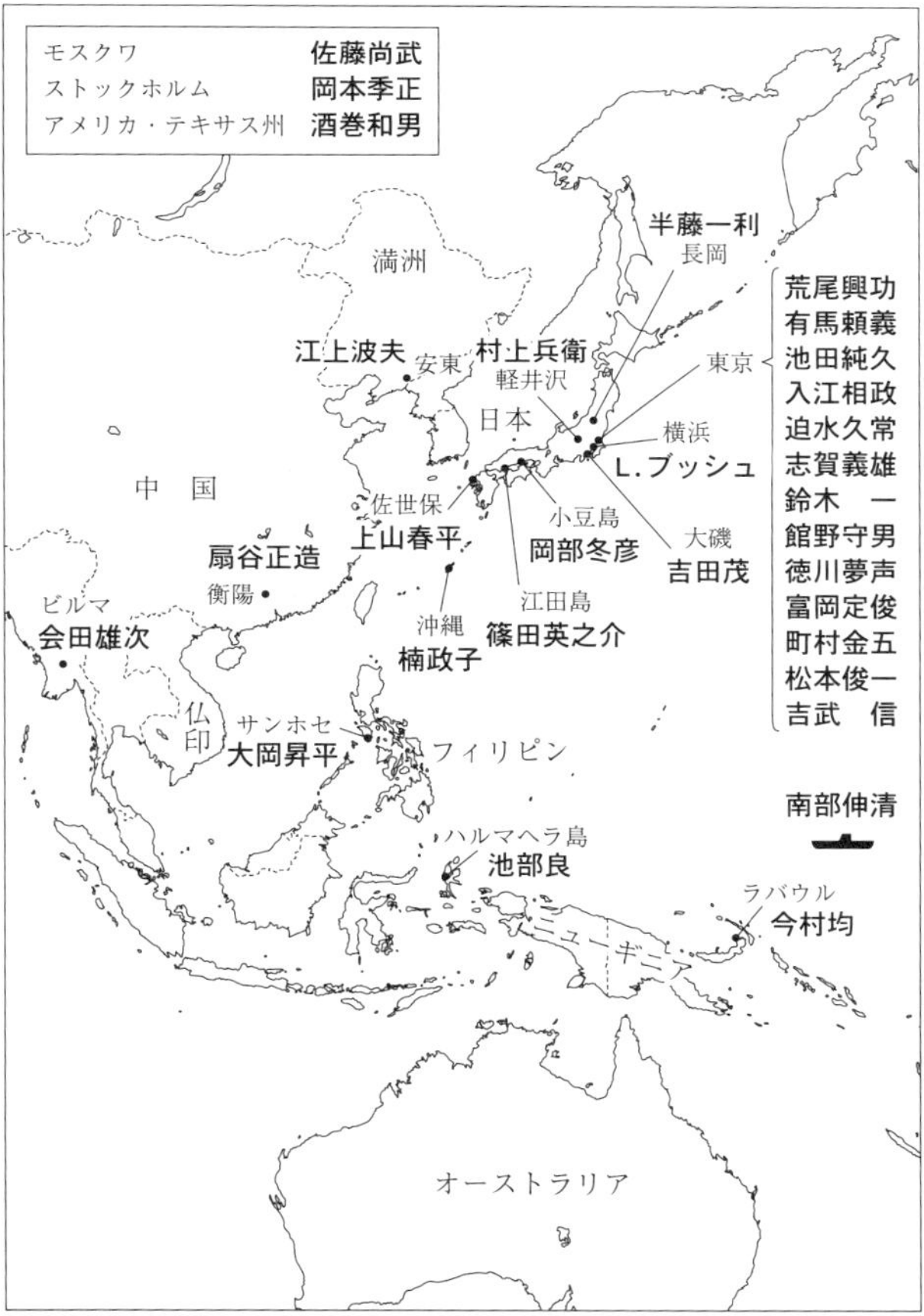
モスクワ 佐藤尚武
ストックホルム 岡本季正
アメリカ・テキサス州 酒巻和男
満洲
半藤一利
長岡
荒尾興功
有馬頼義
池田純久
入江相政
迫水久常
志賀義雄
鈴木 一
館野守男
徳川夢声
富岡定俊
町村金五
松本俊一
吉武 信
東京
江上波夫
安東
村上兵衛
軽井沢
日本
横浜
L.ブッシュ
中 国
佐世保
上山春平
小豆島
岡部冬彦
大磯
吉田茂
扇谷正造
衡陽
ビルマ
会田雄次
沖縄
楠政子
江田島
篠田英之介
仏印
サンホセ
大岡昇平
フィリピン
南部伸清
ハルマヘラ島
池部良
ラバウル
今村均
ニューギニア
オーストラリア

村上兵衛　同じ日ですね。志賀さんが勇敢に消火していたその日に、私は連隊旗をもってオロオロしていた（笑）。

徳川夢声　東京はそれこそ徹底的にやられましたからね。四月十三日（現地時間では12日）にルーズベルト大統領が死んだのです。ちょうどその日が私の誕生日なんで、わが誕生日に敵の親玉が死んだか、なんて呑気にいっていたら、そのとたん空襲警報。あっちでは喪中なんてないのかしらん（笑）。

有馬頼義　東京ばかりでなく、ポツダム宣言のあったころは、ほとんど日本全土がやられていましたよ。

篠田英之介（海軍兵学校生徒）　そうですね。呉軍港がやられたのも、さっきお話のあったポツダム宣言のころじゃなかったかと思います。「日向」とか「伊勢」という戦艦がボカボカやられちゃったのですが、僕なんか海軍兵学校にいたから、戦争が終るとか負けるとか、そういうことは全然考えてもいませんでした。

松本俊一　そうなんだな。日本中が焼野原になって戦争の先は見えている。にも拘らず、ポツダム宣言をあっさり受諾というわけにはゆかなかった。それが、つまりさっきふれた「黙殺」という苦しい文句なんですね。

証言者 それぞれの昭和二十年 夏

篠田英之介　しのだえいのすけ

【座談当時】三十六歳。NHK広報室副主管。

大正十五（一九二六）年、東京生まれ。戦後は東大大学院で美術史を学び、その後NHKに入局する。NHK中央研修所教授を経て、昭和三十三（一九五八）年に教育開発研究所を設立した。著書に『わが師父井上成美――残照の海の提督』などがある。平成二（一九九〇）年、六十三歳で死去。

昭和十六年、篠田は府立四中（現・都立戸山高校）の三年生だった。十二月十八日、真珠湾に突入した特殊潜航艇に関する大本営の公式発表があり、「十五歳の私は、そのとき勃然と真珠湾の九軍神につづこうと思った」（『わが師父　井上成美――残照の海の提督』より）。十八年の暮れ、篠田は海兵第七十五期生徒採用予定者の一員として広島県の江田島に赴く。このときの海軍兵学校長が海軍随一のリベラル井上成美中将である。

戦後、四十六年の暮れ、篠田ら第七十五期生の求めに応じて寄せた、入院中の井上成美のメッセージが、篠田の著書（同前）に紹介されている（井上成美は五十年に死去）。

「井上は兵学校の事務長でありました。私の自分でやった事は、軍令部、海軍省が強く主張する『生徒の卒業をもっと繰りあげろ』の圧迫に反抗した事。（略）畏れ多い身分の方にまで井上説得をお願いしたりしたが、井上は穏やかにお断りした」。篠田たちは井上によって生かされたといってもいいだろう。終戦の日の夕方、生徒たちは分隊名簿や軍事学教科書や暗号書を焼いた。篠田は「錬兵場のあちらこちらに鬼火のような炎があがり、それはやがて幾筋もの白い煙となって、忍び寄る夜気の底に吸い取られていった」（『海の追憶』より）のを見ている。

昭和二十年

八月五日（日曜日）

対ソ和平工作に失敗す

半藤一利　日本は貴重な十日間を無駄に過しました。「黙殺」の二字から、米国は原爆投下を、ソ連は参戦を決意した、といいます。もちろん単なる口実にすぎなかったでしょうが。

しかし、少くとも一日たてば一日たつほど、日本にとって破滅の色を濃くするばかりでした。このときの政府首脳は何を信じて頑張っていたのか。曰く、ソ連を仲介にしての和平交渉でありました。八月五日、モスクワの佐藤大使はクレムリンを訪ね、正式にモロトフとの会見を申し入れたのですが。

富岡定俊（軍令部作戦第一部長、海軍少将）　私はいまでも不思議に思っているのですが、対ソ和平工作というのがうまくゆくと、政府は本気で考えていたのですか。

証言者 それぞれの昭和二十年 夏

富岡定俊　とみおかさだとし

【座談当時】六十六歳。史料調査会理事。

明治三〇（一八九七）年、長野県生まれ。海軍兵学校、海軍大学校卒業。ジュネーブ軍縮会議随員を務めた。軍令部参謀、艦隊参謀、軍令部作戦部長などを歴任。戦後は、復員省史実調査部長の任につく。昭和四十五（一九七〇）年、七十三歳で死去。

富岡は昭和二十年九月二日、ミズーリ艦上にいた。艦上の降伏調印式には外相の重光葵に加えて大本営から梅津美治郎、そして海軍を代表して作戦部長の富岡が同行している。そのいきさつはこうだった。

「重光外相の代表はまず動かない所だが、大本営はもめたあげく、梅津参謀総長が無理矢理に押しつけられた。海軍の代表の段になると、『海軍代表となれば総長だ』という者があったが、豊田総長は猪首を横に振った。『それじゃ次長だ』と言えば『いやだ』という。とうとう『作戦に負けたのだから作戦部長行け』とのっぴきならぬ無理往生で私が首席随員にされてしまった」（昭43『開戦と終戦』より）

終戦の前年の十一月に、南東方面艦隊参謀長として赴任していたラバウルから軍令部に、米内海相の命によって呼びよせられていた。富岡はこの時終戦のにおいをかぎとっていたという。

四十三年二月、海上自衛隊幹部学校学生に対しておこなわれた講演で富岡は、「陛下は、日本の再建には三百年かかると仰言られたと洩れ承るが、私は少なくとも三十年とみた。米内大将はマッカーサーに百年と答えたということだ」と語った。

終戦時の昭和天皇の絶望がどれほど深いものだったかを伝えるエピソードであろう。

松本俊一　少くとも外務省は考えていなかった、といっていいのじゃないかと思うのですがね。東郷外相はソ連大使を長くやって、裏表をよく知っておられる方でしたが、この人はソ連を通す仲裁なんていうものはできない、と思っていたようでした。

「日本の軍部は直接米英と和平交渉をするといくらいっても、到底きかない。そこでやむなくソ連を通じて、話をする以外に方法はない。それ以外に戦争を終結に導く方法がないから、仕方なく自分も同意しているのだ」

そんな風に常々私に語っておられましたね。しかしね、いくら考えてみたって、いい案のあるはずがない。満州をぜんぶ差上げるとかいえば、あるいはソ連が動いてくれるかも知れんが、それをいい出したら、それこそとんでもないことになる。といって、やめてしまえば、和平の道はぜんぶ閉ざされてしまう。

迫水久常　あのころは、外務省は外務省の、海軍は海軍の腹があったんだ。戦争はやめよう、という点で一致していても、外へ表現するときは、ぜんぜん違うのだな。内閣は内閣で調整に苦しむ。

松本俊一　駄目と承知で、モスクワの佐藤大使に無理な訓令を出すのです。早くソ連の真意をたしかめろ、何とか仲裁させろ……。さぞかし、佐藤さんは、無茶なことをいってき

証言者　それぞれの昭和二十年 夏

松本俊一　まつもとしゅんいち

【座談当時】六十六歳。衆議院議員。

明治三〇（一八九七）年、広島県呉市生まれ。東大法学部を卒業後、外務省に入省。公職追放解除後、駐英大使に。昭和三〇（一九五五）年の総選挙に立候補して当選をはたす。日ソ交渉全権委員に起用され、復交交渉に携わる。昭和六十二（一九八七）年、八十九歳で死去。

駐仏印大使としてサイゴンにいた松本は鈴木内閣組閣時に呼び戻され、外務次官として東郷外相を補佐した。八月九日、松本はソ連参戦を知ってひそかに喜んだ。どう対応すべきか苦慮していたからだ。ソ連がポツダム宣言に参加して連合国と一体になったことは松本にとって朗報だった。「ソ連と別に交渉していたらもっとひどい目にあっていますよ」とのちに語っている『現代史を創る人びと（4）』より）。十四日午後十一時、松本は、佐藤朝生総務課長が終戦の詔書の正式公布をうけるため閣議室に入ったことを電話連絡によって知ると、すぐさま最終回答を連合国に発信している。

翌日、「正午の玉音放送は霞ヶ関の焼け跡の耐爆室の傍で省員一同と聞いた。われわれみんな思わず落涙した」（手記「終戦覚書」より）。

「ソ連参戦のときから終戦のあたりのところを」くわしく教えてほしいと学者から乞われたとき、松本がこう返答していることに注目したい。「結局、終戦のときのことは天皇陛下がほんとうのことをいわれないとわからんです。天皇陛下は黙っておられるからわからないですよ。終戦のときの天皇陛下の心境なり動きなりは、なにか記録に残す方法はないんですかね。僕は天皇陛下もそれをやる義務がありだと思うな」（同前）。

ている、日本の中央では何を考えているのか、と思われたことでしょう。

大岡昇平（陸軍一等兵、俘虜としてレイテ島収容所に）　ひでえ話だね。

佐藤尚武　お話のようにひどい話で、初めからソ連がきくはずがない。わずかに友好関係は保ってはいたが、アメリカの援助なしで、ドイツと戦いを続けられなかったソ連が、アメリカの感情を害するようなことをするはずがないのです。それに、スターリンは、日本の参るのを見通してそれを待っていたのです。

鈴木（貫太郎）内閣ができた二十年四月、たしか内閣成立の二日前の五日だったと思うが、中立条約の継続を拒否してきた。あのときなぞ、スターリンの態度は実にはっきりしていました。新聞などの論調でも、日本を見くびっている。それを私がいくら日本にいってやっても、私の言葉を聞こうともしないのですね。

今村均（第八方面軍司令官、陸軍大将）　私なぞラバウルにおいてけぼりを喰って、中央のことは何も知らなかったのですが、とかく中央は、現地を考えず無理な命令を出しますからね。

佐藤尚武　その上、怪しからんのは、六月一杯かかって広田（弘毅氏、元首相）・マリク（駐日ソ連大使）会談をやっている。これを私に知らせてこない。結果さえよければ、それ

証言者 それぞれの昭和二十年 夏

今村　均　いまむらひとし

【座談当時】七十七歳。旧陸軍軍人の親睦団体、偕行社の理事長。

明治十九（一八八六）年、宮城県生まれ。膨大な『今村均大将回想録』を書き遺す。伝記に角田房子『責任――ラバウルの将軍今村均』（昭59）がある。昭和四十三（一九六八）年に八十二歳で死去。

陸士、陸大を卒業し、四十年におよぶ陸軍生活を送った。敗戦を知った八月十六日の朝、第八方面軍司令官だった今村はラバウルの全部隊を集めて「諸君よ。どうか部下の若人《わこうど》たちをして、失望させないように教えてくれ給え。七万の将兵は、ただ汗と膏《あぶら》とで、こんな地下要塞を建設し、万古ふえつを入れたことのない原始密林を拓《ひら》き、七千町歩からの自活農園を開拓までしている。この経験、この自信を終始忘れずに君国の復興、各自の発展に、活用するよう促してもらいたい」と別辞を述べた。

今村は戦後日本の復興の可能性を、南の島における将兵たちの働きぶりのなかに見ていた。

オーストラリア軍による裁判で一度は死刑にされかけたが、占領地での軍政とその指導力を讃える現地住民の証言などもあり、禁固十年で判決が確定。その後、オランダ軍による裁判では無罪とされた。結局オーストラリア軍の禁固十年の判決により、昭和二十四年に巣鴨拘置所に送られた。

翌年、今村は妻を通じてマッカーサーに直訴。日本軍将兵が収容されているマヌス島刑務所への入所を希望した。巣鴨で刑期満了して二十九年に出所したあとも、巣鴨の独房とそっくり同じつくりの三畳間の小屋をこしらえて、死ぬまで蟄居生活を送った。

は構わないが、どうせ駄目と外務省は思っていて、大事な一カ月をムザムザつぶしているのですよ。私は情けなさを通りこしてバカバカしかった。そして後から、広田・マリク会談の返事がなかなか得られないからモロトフに催促しろ、と東郷外相から訓令がくる。もちろん会いましたよ、するとモロトフは木で鼻をくくるような返事なんですな。この一カ月、もし日本が本気で決心をきめてやったら、原爆までゆかぬうちに何とかできたと思うのです。

迫水久常 それは、しかし、結果論で……終戦工作を本気で六月ごろ考えていたのは、鈴木貫太郎総理大臣、東郷外務大臣、米内光政海軍大臣の三人くらいでした。率直にいって、日本が終戦を考えはじめたのは六月二十二日の御前会議のときからではなかったかと思います。天皇陛下が最高戦争指導会議の六人をよばれて、終戦を示唆された、あのときからで……。

佐藤尚武 それにしたって、こっちの腹はぜんぶ読まれて、向うの気持は何にもわからないなんて外交がありますか。それが広田・マリク会談なんですよ。ソ連の腹はわかっていたのです、初めから。日本から貰うのではなくて、取るんだという考え方でした。

荒尾興功（陸軍省軍事課長、陸軍大佐） いま、外務省は対ソ工作を信じてなかった、とい

証言者 それぞれの昭和二十年 夏

佐藤尚武 さとうなおたけ

【座談当時】八十歳。参議院議員。

明治十五（一八八二）年、大阪府生まれ。東京高等商業（現・一橋大）中退後、外務省に入省。戦後は抑留生活の後、昭和二十一年に帰還して、その翌年政界入りを果たす。二十四年から二十八年まで参院議長を務めた。昭和四十六（一九七一）年に八十九歳で死去。

駐ソ連大使として政府の指令する対ソ和平工作に苦慮した。その間、佐藤は東郷外相あてに数通の終戦意見電報を送っている。七月二十日発の最後の電報は、四千字を越える長文で、国体護持以外の連合国側条件は容認して戦争終結をはかるべしと、意を尽くして切々と訴えた。「無益に死地につかんとする幾十万の人命をつなぎ、もって国家滅亡の一歩前においてこれを食い止め七千万同胞をとたんの苦より救い、民族の生存を保持せんことをのみ念願す」という一文を結稿のあたりに読むことができる。政府の方針に反する意見具申だけに覚悟のほどがわかる。この電報は、外務省記録中の白眉と評された。

佐藤自身、「この電報の起草には、私は私なりに、心血を注いで筆をとったものであり、一項をしたためては筆をおき、沈思黙考、さらにまた一項を書き下ろすというぐあいで重い筆を走らせたのであった。祖国の興亡この一電にかかるとさえ思われ、書き終えて机に伏す。涙滂沱たり」と手記『回顧八十年』（昭38）に記した。

八月九日から佐藤の抑留生活ははじまり、外部との連絡はいっさい遮断されてラジオもとりあげられた。四方を高い塀に囲まれた二重窓に閉ざされた施設のなかで、ソビエトの新聞報道で敗戦を知った。

いましたが、陸軍だって信じてませんでしたよ。私なんかいまの広田・マリク会談なんかうっすらと聞いてましたが、ちょうどそのころの六月中旬でしたか、阿南惟幾《あなみこれちか》陸軍大臣と一緒に視察にでたとき話したものでした。飛行機の中で大臣と私の二人でしたが、ソ連との中立条約はどう思うか、といわれるのです。

「それは信用おけませんよ。米国が日本に上陸する一歩手前ぐらいに進撃を開始するでしょう」

といいましたら、大臣も、

「そうだろう。わしもそう考えている」

志賀義雄　しかし、日本はソ連の仲裁をかなりあてにしていたと思いますね。私どもも空襲のどさくさに殺されてはたまらないと慎重にしてはいましたが、役人も七月中旬ぐらいから八月にかけて、ずいぶん丁寧でしたから……（笑）。三代目の所長なんか実におどろくほどの寛大政策でしたな。

富岡定俊　それでは対ソ工作をどこの誰が信じていたのでしょうね。海軍の方の判断は、沖縄戦がはじまるあたりでソ連が参戦してくる、という結論がでました。沖縄作戦というのは、一面からいえばソ連をして参戦させないためのものでした。

証言者 それぞれの昭和二十年 夏

荒尾興功 あらおおきかつ

【座談当時】六十一歳。トヨペット・コーナー常務。

明治三十五（一九〇二）年、高知県生まれ。終戦後まもなく第一復員省総務課長、復員庁総務部長の任についていたが、昭和二十三（一九四八）年七月、戦犯容疑者として巣鴨拘置所に勾留された。八カ月ののち不起訴となって釈放。昭和四十九（一九七四）年に七十二歳で死去。

海軍大尉荒尾大吉の長男として生まれ、仙台陸軍幼年学校、陸軍士官学校、陸軍大学校を卒業。日中戦争が勃発した昭和十二年には、陸軍省人事局課員、参謀本部作戦課員を歴任。十六年十二月の開戦時は南方軍参謀、二十年の終戦時には陸軍省軍事課長と、陸軍中枢の要職にあり続けた。

終戦間際には「あらゆる終戦論を排除し、官民あげて戦争完遂に邁進するよう各方面に働きかけた」（『荒尾興功さんをしのぶ』より）。

八月十三日の夜、荒尾を筆頭に陸軍省軍事課・軍務課の六名は、阿南陸相にクーデター計画実行の許可を求めた。

翌日午前に予定されている閣議の席に乱入し、主要な和平派を監禁して聖慮の変更を迫ろうとしたのだ。けれど阿南陸相はこれを認めなかった。阿南からもっとも信頼を寄せられていた荒尾は、これ以降、阿南陸相の意向に従って終戦に向かうべく行動することになる。

もとより荒尾は、クーデターの「計画の実施には『四将軍の一致を要す』という条件をつけて、ひそかに暴発を警戒したのである」（半藤一利著『日本のいちばん長い日』より）。

阿南自決の前夜に遺言を申しつけられた荒尾は、終戦後すぐ、阿南の遺言どおり復員の手配に尽力した。

松本俊一　アメリカもたしかにあそこで大変な錯誤をしていますね。もし、アメリカがあの時点でうまくやったら、ソ連は満州へ入ってはこられなかったでしょうね。

富岡定俊　日本の軍部が沖縄でとにかく最後の決戦を求めた。それで米軍の損害は大きすぎたのですね。「本土上陸作戦には百万の血が必要であろう」とトルーマンが考えたのですが、そうした考えからソ連に譲って、参戦を求めて損害を少くしようと考えたのでしょう。

池田純久（内閣綜合計画局長官、陸軍中将）　そのころ私は関東軍にいたのですが、対ソ工作はまったく知らされていませんでした。東京へ来てはじめて聞いておどろいた有様で、関東軍は如何にソ連と戦うかばかりを考えていた。

徳川夢声　駄目と承知で、仲裁をあてにしていたとは。日本も救われないはずですな。

昭和二十年
八月六日（月曜日）

広島に原爆投下さる！

半藤一利　八月六日、Ｂ29一機がＴＮＴ火薬二万トンに相当する爆弾一個を広島に投下し、広島は壊滅しました。この知らせが東京にとどけられたのは、正午ごろで、これを「新型爆弾」とし、原子爆弾と認めようとしなかったのです。

江上波夫　八月のはじめには、さっきもいいましたが、私は満州にいたのですが、このころの満州は、それはのんびりしたもので戦争気分なんかカケラもない。物は豊富にあるし……ロシヤ料理などの大歓迎を受けてましてね。ところが、特殊爆弾が広島に落ちたと聞いたとき、これで満州もシュンとなりましたね。

酒巻和男（海軍少尉、捕虜第一号）　御存知のように私は開戦二日目に気を失っているところを捕えられまして、このころはテキサス州の収容所にいたのですが、戦況など実に手にとるようにわかりました。広島に原爆が落とされたときなども、最初、原爆という表現だったかどうか忘れましたが、はじめは「ただ一発のボンビング（爆弾）で広島全市が破滅した」という記事を読みました。

私ども捕虜の中には、東大の工学部を出たものなどもいて、その方面に知識の深いのが、「これは大変なことだ、こんな爆弾が完成したのでは、もう戦争は終りだ」というのでしょう。それで、最後の事態になったとき、どう処すべきか、そのときの覚悟をきめておこうと話し合っていたものでした。

篠田英之介　私たちの江田島からは実によく見えました。海を隔てて広島ですから、間にさえぎるものがない。爆風がもろにきました。兵学校は当時午前中が勉強で、午後は防空壕を掘っていましたが、六日の朝、ふつう通りに課業がはじまって間もなくでした。西陽がさしこんでくる、あんな光だと思ったのですが、それがピカッときて、つづいてドカンときたときには、本能的に机の下に飛びこんだのです。

爆風でガラス窓はぜんぶ割れて、柱時計はとまっていました。

すぐに課業やめで、校庭へ集められたのです。生徒隊幹事という副校長にあたる人が立って、原子爆弾とはいわずに、新型のロケット爆弾だと説明してくれました。

あの日はとてもよく晴れていまして、雲量ゼロといっていい青空でした。きのこみたいな雲が出て、やがて夕方から雨が降り出しましたね。その雨に私たちも濡れて穴掘りをしていたのを、記憶しています。

池部良　放射能雨を浴びてよく無事でしたね。

篠田英之介　ええ、仲間のものぜんぶがいまだに何の障害もありませんから大丈夫だと思

証言者 それぞれの昭和二十年 夏

酒巻和男 さかまきかずお

【座談当時】 四十四歳。トヨタ自動車輸出課長。

大正七（一九一八）年、徳島県生まれ。昭和四十四（一九六九）年にはブラジル・トヨタ社長に就任。同地の日系商工会議所専務理事も務めた。昭和六十二（一九八七）年にトヨタ自動車を退社。平成十一（一九九九）年に八十一歳で死去した。

真珠湾攻撃で命を落とした特殊潜航艇の将兵たちは「九軍神」と呼ばれて英雄にされた。このとき攻撃に失敗して捕虜第一号となったのが酒巻である。

収容所の酒巻は戦況を詳しく知っていた。日本艦隊がミッドウェーにくるとわかったときは、「これだけは今一度考え直してくれよと祈るような気持でした」（昭51・11「文藝春秋」より）と、そのときの切ない心情をのちに吐露している。

日本降伏のニュースは八月十四日に入った。翌日には収容所の総員が集められて通達を受けた。その晩、キャンプ内を彷徨していた酒巻は、米兵と交わした会話を覚えている。「番兵が嬉しそうに話しかけて来た。『おい。今日からはお友達だなあ。』彼は嬉しさで小躍りしそうである。『まったくね。戦いに勝ってお目出度う。どうかね勝って嬉しいだろう。』とヒヤカすと、『いやそんな事はどうでも良いんだ。戦争が終わったんだよ……』と軽く言い捨て、彼は口笛を吹きながら見張り所へ登って行った」（『捕虜第一号』より）

二十一年一月に帰還したが、「捕虜第一号」に対する世間の目は厳しかった。「卑怯者は腹を切れ」といった手紙が送りつけられた。戦陣訓「生きて虜囚の辱めを受けず」の亡霊は戦後も生き長らえていたのである。

いますが……。

ルイス・ブッシュ（英海軍大尉、昭和十八年から日本の捕虜収容所に） ワタシ香港で一九四一年十二月二十五日五時ごろ、捕まりました。だからワタシ捕虜千三百二十八日半。志賀さん、酒巻さんの次です（笑）。一九四五年ごろワタシ横浜にいました。B29何回も何回もきました。横浜やられました（五月二十九日）。日本の下士官とワタシ捕虜、外人墓地ゆきました。なんにも見ることできない、煙で。兵隊さん一つホマレ煙草くれました。急にお婆さんきました、布団かぶって、七十くらいです。一服ください、二、三本あげましょう。そのあとに日本の奥さんきました。きっとフランスの人、子どもあいの子でした。煙草あります。火ありますか。おう、火どこでもあります（笑）。ガマンして下さい。もうじき終ります。もうじき日本駄目です、そういいました。

八月六日ごろ日本の海軍少将きました。急に友達みたい。「ハウ・アー・ユー、どうですか、食事、毎日ビールありますか」。びっくりしました（笑）。下士官よんで、どうしてビール、ウィスキーもってこない。下士官気の毒でした。ハイ、ハイ。夜、おせんべい、ビールもってきました。ワタシ、戦争もうじき終るな。原子爆弾のこと知りませんでした。

徳川夢声 ブッシュさんのお話をきいていて思うのですが、賢明なる外人は日本の敗北が

証言者 それぞれの昭和二十年 夏

ルイス・ブッシュ

【座談当時】五十六歳。NHK勤務。

明治四〇（一九〇七）年、ロンドン生まれ。仏教と日本史の研究のため、二十四歳で来日。火野葦平の『麦と兵隊』ほか三作品を英訳。戦後は昭和三十一（一九五六）年からNHK国際局報道部に勤務した。六十七歳でイギリスに帰国し、昭和六十二（一九八七）年、七十九歳で死去。

昭和十五年の春、山形高等学校講師の職を辞して帰国。ドイツ軍と戦うイギリス海軍の予備役に志願するためだった。

その後、英国海軍水雷艇の副長となり、十六年十二月八日の日米開戦の日には香港にいた。日本軍の香港占領により捕虜となって、九龍市内の捕虜収容所に収監される。十八年九月に日本に移送されて、東京大森の収容所へ。

翌十月、大森収容所には珍客が訪れた。ときの総理、東条英機である。捕虜たちが入浴中の電撃訪問だった。一同丸裸のまま直立不動の姿勢でつっ立った。ブッシュの親友アボット大尉がいった。「家に帰って孫たちに〝お爺ちゃん、今度の戦争で何をしたの〟って聞かれた時に、これで威張って答えられるよ。偉大なる東条大将に素っ裸でおじぎをした、ってね」と（昭和31刊『おかわいそうに』より）。

十九年夏には横浜収容所に移送された。二十年八月十五日、午前中は、アメリカの艦載機の一群が収容所の上空を横切っていったが、「正午近く、急にどうしたものかあたり一面死のような静寂がただよい出した」。

近所のラジオから流れる玉音放送を聞いてブッシュは終戦を知る。その晩は、ブッシュらは市内の「銭湯に行って一般市民と一緒に湯につかった。実に楽しかった」（同前）。

近いことを予感していたのに、愚昧なる私などは最後まで戦う決心でいたのですから、情けない。敗戦の予感はずいぶん前からありましたよ。当時の日記にそう書いてある。が、どんな風にして終るのかわからない。そこで最後まで戦う……。

有馬頼義　白紙召集というのがありましたね。武器、弾薬は自分もちの……。連合軍が九十九里浜に上陸したら、すぐ千葉に集まれ、そういう最後の召集令状を私はもらいましたよ。

徳川夢声　私なんか本土決戦となったら、まず甲州に退却しまして、それから敵が関東平野を占領して、甲州に入ったら、今度は信州へ逃げて、戸隠《とがくし》の山にこもってゲリラとなろう、と本気で考えていましたな。

荒尾興功　本土決戦となると陸軍がいつも問題になるのですが、阿南大臣は果してそれを本気で考えていたか、というと、決してそうではないと思うのです。空襲が盛んになった五月中旬ごろ、私はよばれて夜おそく大臣と話したことがあるのです。そのとき、大臣はこういわれた。

「日本の全航空兵力をあげて、航空撃滅戦をやろうと思うのだが、どうだ、これは統帥権干犯になるだろうか?」

なるほどこれは本土決戦構想と矛盾するわけですね。参謀本部では懸命に本土決戦の準備をやっている。当然飛行機をそのときまで温存したいのに、航空撃滅戦をやろう、というのですから、これは大変な決心なのです。私はこう答えました。

「高い戦略の見地から参謀本部へお話になるならば、決して統帥権干犯ではない」

大臣は、そうであろう、といわれましてね。席を立たれると、すぐ陸軍省から参謀本部へ通じる長い廊下を、のっし、のっし、のっしとゆかれた。私はそのときの大臣の後姿が、今でも眼に残って忘れられないのですが、大臣はそういう人でした。決して単なる抗戦論者じゃない。ただ名誉ある講和に導くため、最後の大打撃を敵に与えるべきだと考えておられたのです。

池田純久　参謀総長の梅津さん（美治郎《よしじろう》大将）も同じように考えておられたのではないですかね。むざむざ負けられない、といって、満州や中国大陸にいる兵隊をよび戻すには船がないので、苦しかったと思います。

徳川夢声　それで竹槍のゲリラというわけなんでしょうが、私なんか負けるのは承知していたんですが、みんなが竹槍で最後までやるなら、付き合いのいい男ですから、嫌だよというわけにはゆかないのですな。本土決戦よかろう、やりましょう。ところが、原子爆弾でしょう、いや、当時はウラニウム爆弾といいましたかな。これには抵抗しても抵抗にならないから大義名分が明らかである（笑）。

昭和二十年 八月九日（木曜日）

ソ連参戦と長崎の原爆

半藤一利　八月九日午前一時（モスクワ時間八日午後七時）ソ連軍が突如満州に進撃を開始してきました。ついに来るべきものは来たのです。つづいて午前十時五十八分、長崎に第二の原子爆弾が投ぜられる。ほぼ同時刻、ソ連参戦を知り、戦々兢々たる空気の中で最高戦争指導会議が開かれていました。論議するはただ一つ、対ソ工作に破れたいま、――日本はポツダム宣言を受諾すべきか否か？

鈴木首相、米内海相、東郷外相は、国体護持を留保条件として受諾説をとりましたが、阿南陸相、梅津参謀総長、豊田副武《そえむ》軍令部総長の三人は、原則としては受諾してもいいが、他の三条件をも附すべきことを主張したのです。すなわち①保障占領はできるだけ小範囲に、しかも短期間であること、②武装解除と③戦犯処置は日本人の手にまかせることでした。

会議は紛糾します。

午後二時半、決定は閣議にもちこまれた。論議三時間、なおまとまらなかった。更に午後六時半より第二回の閣議、ここでも偉大なる論争の終止符は見出せず、いたずらに時間のみを空費します。十時半閣僚たちは足どりも重く、無決定のまま散会し、いまや、天皇に最終的決裁を仰ぐという最後の手段のみが残されていたのでした。

鈴木一（鈴木貫太郎首相秘書官、鈴木首相長男）　自分の手でやっていた対ソ工作が失敗し、閣議は分裂というのでは、ふつう総辞職するのが当り前なのですが、おやじはそれをしなかった。それは自分の手で戦争を終らせるのだと決心していたからだと思うのです。なるほど口ではそんなこと一言もいわなかった。たしかこの九日の早朝、迫水さんがソ連参戦の情報をもって訪ねてこられたとき、はじめて終戦ということを口にしたと思うのです。それで、最後までぐらぐらしていたという非難も私は耳にするのですが、そんなことはないと確信しているのです。

松本俊一　この一日は、私にとって、実に長い一日でした。とにかく一刻の急を要するのに、閣議が延々とつづいている。四時ごろでしたかね、閣議の隣の部屋へ行って迫水君をよびだして、「何を議論しているのだ」ときいたら、「大臣一人々々に意見をきいているのだ」というんでしょう。「そんなことをしてまとまるはずはないのだから、聖断を仰ぐように、君は総理へ、僕は外務大臣に働きかけよう」「その方向でやっているのだが、よしお互いにもっと頑張ろう」……。

迫水久常　そうだったね。とにかく、あのときは陛下に最後の断を下して戴くよりほかに、どうしようもない感じだったからね。

岡本季正　私なんかも遠くの方からみていて、何を本国政府はもたもたしているのだ、とやきもきしていたが、いまにして想えば、日本の歴史はじまって以来の〝敗戦〟を迎えるのですから……やはり、ああいう経過をたどるより他に道はなかった、としみじみ思いますね。

大岡昇平　そうですね、僕ら明治の終りに生れた人間ですけれども、とにかく国が負けるということを想像したことすらない。それが負けたということなんだから……。

池部良　本土決戦とかになっていたら、えらいことになっていたでしょう。

証言者 それぞれの昭和二十年 夏

大岡昇平　おおおかしょうへい

【座談当時】五十四歳。作家。

明治四十二（一九〇九）年、東京生まれ。昭和二十三（一九四八）年に『俘虜記』で横光賞を受賞。以降『武蔵野夫人』『野火』などの秀作をあいついで発表した。『レイテ戦記』は「中央公論」四十二年一月号から二年半連載され、四十六年に単行本化された。昭和六十三（一九八八）年、七十九歳で死去。

京大仏文科卒業後、国民新聞社に勤めるが一年で退社。その後、帝国酸素、川崎重工業などに勤務しながら雑誌に書評やスタンダール研究を発表していた。

昭和十九年に三十五歳で召集され、フィリピンのミンドロ島の戦線に赴く。十二月の米軍上陸を受けて山中に逃れ、翌二十年一月、俘虜となりレイテ島収容所に送られる。収容所内には広島、長崎への原爆投下、ソ連の参戦などが、新聞やラジオによってほぼリアルタイムで伝えられた。大岡が「天皇の権限が聯合国最高司令官の制限の下におかれるという条件つきで、国体が護持されたことが伝えられた」ことを知るのは十二日。十三、十四日と、日本政府が回答を滞らせている間に実行された米ソによる攻撃の詳細も伝えられていた。

「私は憤慨してしまった。名目上の国体のために、満洲で無意味に死なねばならぬ兵士と、本国で無意味に家を焼かれる同胞のために焦立《いらだ》ったのは、再び私の生物学的感情であった。（略）俘虜の生物学的感情から推せば、八月十一日から十四日まで四日間に、無意味に死んだ人達の霊にかけても、天皇の存在は有害である」（『俘虜記』より）。

四十七年、芸術院会員に選ばれたが「過去に捕虜の経験があるので国家的栄誉を受ける気持ちになれない」と辞退した。

迫水久常　若い人は大半が死んでいます。それから今日の日本の復興はないですね。

岡本季正　それをあなた方は防いでくれた。これは大したことだと思いますよ。

松本俊一　いや、僕らではない。自然の天の……。

迫水久常　私も内閣が指導してうまく終戦にきた、という感じはしませんね。なんというのか、ずっと時の流れで……本当に指導されたのは陛下だけで、私たちは、その刹那、刹那の措置を間違えずにやってきただけのことなのです。さっきの「黙殺」をのぞきましてね（笑）。大体において正しく運んできた。それだけで、やはり鈴木総理がえらいのかも知れないですよ。

鈴木一　おやじはいつも、旗振りなんだから、といってましたね。時期がきたら、先頭に立って終戦の旗を振る、それだけでいいのだなんてね。

吉武信　しかし、外からみていると確かに歯がゆかったですね。迫水さんなんか、僕たちと首相官邸の地下室で話していても、「もうよしますよ、日本はもう駄目です」なんて露骨にいってはいましたが、それをいう人がなかなかいない。誰だって心ある人は、いかんと思っている。それをずるずるときてしまっている。何とかならなかったものか、それは今でも考えますよ。

証言者 それぞれの昭和二十年 夏

鈴木 一 すずきはじめ

【座談当時】六十一歳。日本中央競馬会顧問。

明治三十四（一九〇一）年、鈴木貫太郎の長男として東京に生まれる。東大法学部を卒業後、農商省に入省。戦後は侍従次長、外務省出入国管理庁長官を経て、日本中央競馬会副理事長を務める。著書に『天皇さまのサイン』がある。平成五（一九九三）年、九十一歳で死去。

首相秘書官として、耳の遠い首相の補聴器役となって、影のごとく首相のそばにあった。

「ほかにひとはいない」として、天皇から七十七歳の父・鈴木貫太郎に組閣の大命降下があった昭和二十年四月五日の夜、四十三歳の長男、一《はじめ》は農商省山林局長のポストを捨てて、総理のボディーガードになることを決心した。

「出先の軍が中央の命令を聞かないで勝手なことばかりする。これをなんとか押さえなければ日本の運命はおしまいだ」との持論からすれば、父は統帥権の確立に手を染めるに違いない。そうなれば陸軍の青年将校の暗殺にあうのは必至である。

日本の運命が父に託された以上、生命を守らねばならぬ――という思いからの決意だった。

「暗殺を確信すればするほど、総理のボディーガードはたれにも頼むことはできないではないか。私の脳裏には、父をかばって銃口の前に立っている自分の姿を何回も何回も浮かべていたのである」（『天皇さまのサイン』より）

「いついかなる瞬間といえども、ただちに父の前に飛び出せる用意をしていた」（同前）鈴木は、八月十五日の早朝、首相私邸に「国民神風隊」が襲来したとき、その直前に危機を察知して裏口から首相夫妻を連れて逃れ出ていた。

迫水久常　それは、その通りだけれども、事実は戦争をやめる方法ではなく、むしろ陸軍をどうやって抑えるかがむつかしかった。その方法はなかったか、ということなんだ。

松本俊一　吉武さんの論に私は賛成なんだが、もう一つ条件を加えねばいけないのだな。それはルーズベルトも悪かったということなのですよ。彼がしきりに「無条件降伏」ということを強くいってね、途中で止めようにも止められなかった。重光さん（葵《まもる》氏。元外相）がよく歎いていた。「松本君、無条件降伏はできんからね」そういって……。

迫水久常　東郷外相が閣議で説明して、ポツダム宣言は無条件降伏ではなく、無条件降伏を要求しているのは軍隊に対してだけで、国家に要求しているのではない。これは、negotiation peace（平和協定）だ、と懸命に説いていましたな。

松本俊一　われわれが授けた知恵なんだけど、もっと詳しくいうと、アメリカの放送の中にあった文句でしてね、それを借用したのでした。

館野守男　放送関係にいたので、ちょっと感じたのですが、ポツダム宣言をめぐる外国のやり方とか、国内の動きなんか、放送局にいるとよくわかるのですよ。広島原爆の直後ぐらいから、受諾するのじゃないか、という空気がありました。

そんな風でしたから思うのですが、戦争終結の動きなど、もっと国民に知らせるという

証言者　それぞれの昭和二十年 夏

館野守男　たてのもりお

【座談当時】四十九歳。NHKアナウンサー。

大正三（一九一四）年、茨城県生まれ。東大社会学科を卒業後、NHKに入局。戦後は解説委員となり、昭和三〇（一九五五）年にアメリカ総局長、四〇（一九六五）年には放送世論調査所長を務めた。平成十四（二〇〇二）年、八十七歳で死去。

昭和十六年十二月八日午前七時の、「臨時ニュースを申しあげます……」ではじまる日米開戦の第一報を、国民に知らせたのが館野守男アナである。

二十年八月十五日の早朝四時半、館野は叛乱軍近衛第一連隊第一中隊の将校らによって包囲された内幸町の放送会館、第十二スタジオにいた。叛乱将校は館野に拳銃をむけて「五時の報道の時間に自分に放送させてくれ」と迫る。国民に、日本がポツダム宣言を無条件に受諾してはならない理由をのべようとしたのだ。しかし館野は拒否し、睨みあった。そのときの緊張感あふれる詳細が座談会で語られている。結局、未遂に終わり、館野は七時二十一分、「……国民はひとりのこらず謹んで玉音を拝しますように」と予告放送の全文を読み上げた。

しかし、玉音放送の危機はこれで終わったわけではなかった。十一時半、放送の行われる第八スタジオの外の廊下でのことだ。「将校は軍刀の柄に手をかけると荒々しく叫んだ。『終戦の放送をさせてたまるか。奴らをぜんぶ叩ッ斬ってやる』そしてスタジオに乱入しようとした」（『日本のいちばん長い日』より）。その将校はとりおさえられて連行された。はたして玉音放送も、予定時刻直前まで無事放送されるかどうかは危うかったのである。

動き、というか、なんらかの配慮があったらよかったのではないか。そんな風に考えるのですが……。

迫水久常　さて、どうだろう。もしポツダム宣言受諾の動きなど、そのまま放送されていたら、鈴木総理以下、目ぼしいところがみんな殺されて、陸軍のクーデターがあのとき行われていたと思うね。

池田純久　私もそう思います。当時の情勢はそれは生やさしいものではなかった。腹の中はともかく、表面は強硬なことをいわなければ通らなかった。

江上波夫　中央でそんな大騒ぎをやっているときソ連軍を迎えた満州では大変でしたね。記録では、午前一時を期して一斉になだれ込んできた、といわれているようでしたが、前の晩つまり八日の夜の十時ごろ、ソ連機が来て爆弾を落としてゆきましたよ。

酒巻和男　私たちのところへもソ連参戦は早く伝わりました。いよいよこれはいけないぞ、どんな事態が起るかもわからない、と益々覚悟をきめましたね。

池田純久　この九日の朝でした。私は総理によばれましてね、行ったら「ソ連が参戦したが関東軍は大丈夫か」「とても大丈夫じゃありません（笑）。昔は関東軍は優秀でしたが、南方の方へ兵力をもってゆかれて、いまはもぬけのカラです。新京、奉天まで二週間とも

証言者 それぞれの昭和二十年 夏

池田純久　いけだすみひさ

【座談当時】六十八歳。松竹株式会社顧問、歌舞伎座サービス会社会長。

　明治二十七（一八九四）年、大分県生まれ。極東軍事裁判では元参謀総長梅津美治郎の弁護人をつとめている。昭和二十八年に『陸軍葬儀委員長』を著した。昭和四十三（一九六八）年に七十三歳で死去。

　池田は、八月十四日午前十時三十分から開かれた御前会議に出席した二十三名のうちのひとりである。

　陸軍士官学校、陸軍大学校を卒業し、東大経済学部にも学ぶ。軍務局課員、企画院調査官をつとめた後、昭和十五年に奉天特務機関長として満州に赴任した。十七年に関東軍参謀副長になっていた池田は、二十年七月二十八日、急遽東京に呼び戻された。鈴木貫太郎内閣の綜合計画局長官に任ぜられたのだ。帰国するやいなや終戦の渦中に投げ込まれる。

　十四日、午後一時から始まった閣議で、外地における破壊行為を厳禁する案を池田は提出している。

「軍が退くとき、施設や軍需品は敵にわたさぬためこれを破壊するのが過去の戦術の原則であったが、これを禁止し、海外施設をそのまま無傷でのこして将来負わねばならぬ賠償の一部に活用しようというものであった。これは、終戦の命令とともに通告しておかなくては、手遅れとなるおそれがあるから、池田長官は早急に手をうつ必要があると強調した」（『日本のいちばん長い日』より）。

　閣僚はこの案に賛成し、陸海両相から担当課員に命令が下された。この決定は、戦後のアジア解放のために、役立つことになる。

ちません」

そう申上げて、一日も早い終戦の決心をお願いしたのです。というのは、私は関東軍にいたのでよく知っていたのですが、みんな南へもってゆかれたのをごまかすため、師団数だけは減らさないように現地召集をやったのです。無差別といってもいいくらいの、単なる員数合せで、鉄砲もない、カカシなんです。

荒尾興功　その案が私に出されたとき、私は「こんなものを作って戦力になるのか」ときいたら、起案者の島野少佐というのが「いやカカシです」というのですね。でも、日本が兵力を増強しているとわかるだけでも、多少はソ連の侵入を抑制できるだろう、というのですよ。そして私がその案をもって阿南大臣の決裁を仰いだら、大臣も私と同じことをきかれた。そこで説明したら、淋しく笑われて、「現地がそれほど要望するなら、やむを得まいな」といって判をおされた。情けない情勢だったのです。

江上波夫　そうでしょうね。だから朝から、軍や政府の要人たちがどんどん満鉄で南へ下るのですよ、一般の人たちをおいてけぼりにして。関東軍が弱いのを知っていたのでしょうよ、きっと。それで私なんかも、君たちは出張してきたんだから南へ下った方がいい、といわれて汽車に乗ったのですが……。

証言者 それぞれの昭和二十年 夏

江上波夫 えがみなみお

【座談当時】五十六歳。東京大学東洋文化研究所教授。

明治三十九（一九〇六）年、山口県生まれ。東大退任後は古代オリエント博物館館長、日本考古学協会会長を歴任。アジア諸地域における民族・文化の形成に関する研究につとめた。平成十四（二〇〇二）年に九十六歳で死去。

東大東洋史学科卒業。北京留学後昭和六年に東方文化学院（のちの東大東洋文化研究所）助手、のちに研究員となり、十年から十六年まで内モンゴル・オロンスム遺跡で調査に当たる。終戦間近の二十年七月にも満蒙における民族調査の総括を行うため十数名の調査隊を組んで新潟発最後の便船で満州に渡った。

八月九日、新京（長春）にてソ連軍の進撃に遭遇し、中朝国境の街、安東に退避して終戦を迎えた。江上はそのときのいきさつを「一行の大半は朝鮮経由帰国。十一月、江上、資金調達のため長春に逆行。安東の仲間に送金する」（『わが生い立ちの記』より）と言葉少なにしか記していないが、それは擾乱の満州にあって、筆舌に尽くし難い命がけの逃避行だったにちがいない。

二十一年六月、日本人本国帰還問題がようやく具体化して引揚げが始まった。江上は、日本人所蔵の文化財を国民党軍側に正式に引き渡すために設置された文化財処理委員会のメンバーとなって残り、考古美術関係を担当。その年の十月、考古美術関係だけで約二千点にのぼる文化財を引き渡して帰国した。

「日本民族＝文化の源流と日本国家の形成」と題するシンポジウムで騎馬民族征服王朝説を発表するのは終戦後わずか三年目の二十三年のことである。

松本俊一　ただ一つソ連の参戦で幸いだったのはソ連もポツダム宣言に加わったということなのです。私は、東郷大臣にこういったのを憶えています。「ポツダム宣言とは別に、ソ連が日本に和平条件をつきつけてきたら非常に困ったことになるのに、幸い仲間に入ってきた。いまをおいて手のうつときがありませんよ」……たしかに、米英華三国と和平ができても、ソ連と和平が結べなかったらこれはえらいことでしたから。

佐藤尚武　それはもう大変なことです。私は八日の日本時間午後十一時に、対ソ工作の返答をきかせてもらえると思いモロトフを訪ねたら、いきなり対日宣戦布告文を渡されたのですからね。その二時間後には満州に侵入している。そんなことを知らずに、六時間ほど大使館員は抑留されましてね。ところが六時間たったら解放された。そこでモロトフと約束ずみのソ連宣戦の電報を日本に向けて打ったのです。ところが、後に日本へ帰ってきいてみたら、一つも着いていないのです。驚きましたね。

松本俊一　私の方は私の方で、佐藤大使からぜんぜん電報が来ないから、どうしたのだろうと随分心配しておりましたよ。

昭和二十年
八月十日（金曜日）

今は忍び難きを忍ぶ時

半藤一利　八月十日午前二時二十分、天皇は最後にいわれた。これ以上戦争を続けることは、わが民族を滅亡させるのみならず、世界人類を一層不幸に陥れるものである。自分としては無辜《むこ》の国民をこれ以上苦しめることは忍びないから、速かに戦争を終結せしめたい。今は忍び難きを忍ばねばならぬ時と思う——と。

上山春平（回天特攻隊員、海軍中尉）　十日といえば、私の乗った潜水艦イ363がウラジオストック攻撃の変更命令を受けた日ですね。回天特別攻撃隊多聞隊のしんがりをうけたまわって、山口県の光基地を後にしてから二日目でした。五月の末に同じ潜水艦でサイパン方面に出撃、突入の機会を逸して七月に帰投し、こんどが二度目の出撃でした。生還を期してなんか、もちろんいませんでしたね。

扇谷正造（陸軍一等兵、在中支）　僕なんかも中支の桂林作戦で叩かれて、桂林を撤退して、漢口方面へ反転しているころです。夜間行軍で夜八時に出発して四時ごろまで歩いて、そして飯をたいて鉄砲を抱いて寝ていたっけな。

会田雄次（陸軍上等兵、在ビルマ）　扇谷さんはまだ鉄砲があったからいいですよ。僕のビルマは、それはひどい状態でした。メークテーラ付近で壊滅的な打撃を受けて、逃げてくる間に、マラリアにはやられる、赤痢にはなる、靴もない、弾薬もない。兵隊はどんどん死んでゆくのです。しかも身体中がかいせんなんで、ぶよぶよしてましてね、ウミが方々から出てくる。マラリアなんかひどくなると裸になって暴れるから、それを柱に縛りつけておくんですけれども、それでも縄をきって暴れるんですね。

大岡昇平　それは兵隊というのでなく、敗残兵という状態なんですね。日本は負けてなくても、前線の兵隊はとっくに負けている。僕なんかも、フィリピンで捕虜になる前は、そうでしたものね。

岡本季正　そうでしたか。そんなに方々で完全に参っているのに、どうもスウェーデンあたりで見てますと、日本の抵抗力はまだ相当あると……アメリカなんかでも、そう買いかぶっていたようでしたがね。

証言者 それぞれの昭和二十年 夏

扇谷正造 おうぎやしょうぞう
【座談当時】五〇歳。朝日新聞学芸部長。
大正二（一九一三）年、宮城県生まれ。昭和二十二（一九四七）年に「週刊朝日」編集長となり同誌を発展させ、ジャーナリズムの新境地を拓いた。第一回菊池寛賞を受賞（昭28）。朝日新聞の学芸部長、論説委員などを歴任した。平成四（一九九二）年に七十九歳で死去。

東大国史学科在学中に、大宅壮一が主宰する「人物評論」や「帝大新聞」の編集に携わる。卒業後は朝日新聞に入社し、社会部記者、マニラ特派員などを勤めたが、昭和十九年に桂林作戦の補充兵として召集された。扇谷一等兵は三十一歳だった。

二十年七月二十五日、扇谷らは国民党軍の猛攻を受けながら、桂林を脱出して漢口に向かう。夜間行軍を三週間続けた八月十五日、扇谷は宿営地で顔見知りの通信兵から「どうやら、戦争は終りそうだ」と聞く。「（まさか）という思いと、一方に、（もし、それが本当なら）という思いとが、入りまじった。歓喜がどっとこみあげてきたが、空《から》喜びには何回かだまされてきた私には、まだ信じられない。その夜は輾転として眠れなかった。暁方近く（何か電報が入ったにちがいない。ひょっとしたら命が助かるかも…）と思った時、喜びが潮のように身体に満ちてきた」（『日本の一番あつい日』より）。その翌日から夜間行軍がなくなり昼間行軍となったが、前線での動揺を恐れてか終戦はまだ知らされない。終戦の詔勅が伝えられたのは八月二十日ころだったという。

戦地にあって背嚢《はいのう》にしのばせてあった本は和辻哲郎の『風土』、河盛好蔵の『ふらんす手帖』、チェホフの『犬を連れた奥さん』の三冊。

迫水久常　それで実は本土上陸がなくて助かったのです。実は何にも準備ができてなかった。御前会議で陛下に強く軍部が怒られたのも、その点なんです。

池田純久　陛下は、真ッ赤な顔をなさって、軍部の奏上と事実の差のありすぎるのを叱りつけられましたね。

徳川夢声　とにかく、九日から十日にかけての御前会議で、ポツダム宣言受諾がきまったのでしょう。それが何故そのまますぐに戦争の終りにならなかったのですか。誠に奇ッ怪な気がするのですが……。

迫水久常　それはもう陛下の裁断を閣議で承認したのですから、日本はこのとき破滅の淵から存続へと大きく運命を転換させることができたのですが、なお連合軍の真意を確かめようとしたのです。つまり受諾はするが、但し書をつけたのです。要するに国体護持の問題なのです。

はじめ東郷外相の但し書の原案は、「天皇の身位には変更なきものと了解する」というのでしたが、陛下に身位というのがいけないという異論がでましてね、そこで僕の妥協案。「天皇の国法上の地位は変更なき……」という風に変えた。そうしたところが、平沼騏一郎枢密院議長が文句をつけたのです。

「天皇の地位は国法上の地位ではないぞ。神ながら決まっているものだ」

それで困りまして、どういう風に書いたらいいでしょうか？　すると、「天皇の国家統治の大権という憲法上の前文があるから、それをそのまま使え」……。

松本俊一　弱ったのは外務省ですよ。何と翻訳したらいいか。そこでPrerogative（大権）と、いかめしくやったんです。

迫水久常　それが連合軍には、なにか天皇を擁して画策してきたな、という感じにとられたのですよ。

吉武信　それでまた、駄目になるのではないかといって騒いだものでしたね。

岡本季正　そう、十日の朝でしたね。そのいかめしい但し書のついた受諾の電文がとどけられまして、これをソ連と英国政府へ通告せよ、というのでしょう（スイス公使館が米国と中国を受けもったのです）。ところが、日本文が来たが英訳がなかなか来ない。仕方なく、私の方で仮訳をこしらえましてね、さっそくスウェーデンの外務大臣に会って、あっせん方を依頼したのです。

この外務大臣ワンデーンといいまして、国際法学者なのです。さっそく私に、これは条件付受諾ですね。そこで参考のためきくが、この「国家統治の大権に変更を加うるが如き要求は、包含しないものと了解して」とあるのは、どういうことなのか、と尋ねるのですよ。私は参りましたね、電報には何の説明もない。やむなく四苦八苦しながら、「日本は天皇を中心とした国だから、これだけは動かすことができない、という考えだと思うから、どうかそのつもりで出来るだけ好意的にあっせんして下さい」……こうして日本の条件付受諾は、ひとまず全世界に伝わったのですから、あとはその返事を待つばかりでした。

大岡昇平　その夜でしたね、私がいたフィリピンの収容所の外が、妙に騒がしいのです。パッパッと光るが、それが大砲じゃない。花火なんだな。それで、ああ戦争は終ったんだな……とたんに、くそッ忌々しい、という気がしました。

岡部冬彦　僕のいた小豆島は別天地でしてね。僕は昭和十八年に学徒召集で、船舶兵としていきなりフィリピンに連れてゆかれたのですが、運がよくて特幹隊の区隊長要員となって、小豆島へ戻ってきて、十四歳くらいの特幹隊二千人ほどの訓練をしていたのです。空襲はなしで呑気なものでした。

徳川夢声　二十四の瞳にあらずして二千だから四千の瞳ですな（笑）。

岡部冬彦　船がないから遊んでばかりいた。それが八月十日だったか十一日のとんでもない時に、各中隊ごとに野営にゆかされたのですよ。奇妙なことをするな、と思っていまし

証言者 それぞれの昭和二十年 夏

岡部冬彦　おかべふゆひこ
【座談当時】四十歳。漫画家。
大正十一（一九二二）年、東京生まれ。戦後はライオン歯磨宣伝部勤務を経て、漫画家デビューをはたした。「アッちゃん」と「ベビー・ギャング」で文藝春秋漫画賞を受賞（昭36）。平成十七（二〇〇五）年に八十二歳で死去。長男は軍事評論家の岡部いさく。

昭和十八年十二月、学徒出陣でフィリピンのセブ島（レイテ島の西隣）に駐留した。東京美術学校（現・東京芸大）図案科を卒業したばかりだった。

「ほんと南の島に学童疎開したみたいな感じしかありませんでしたね。なにしろ、朝から晩までキャーキャーはしゃぎまわっていただけでしたからね」（昭49・4・25「アサヒ芸能」より）。

岡部らが所属した暁六一四二部隊の隊員は、ほとんどが東京の大学生で、任務もレイテへの補給で戦闘とは関係がなかった。しかもあろうことか、「メシは食い放題。補給船がセブの浅瀬に乗り上げちゃったときなどは、積んであったサンミゲール・ビールも飲み、朝から酔っ払っていましたよ。夜は、立教大のハワイアン・クラブにいたやつのギターに合わせて、ハワイアン・ソングを歌ったり、アメリカのギャング映画の話をしたりで。じっさい国費で修学旅行に行かしてもらったようなもんでしたね」（同前）というから驚く。これもまた知られざる戦争のエピソードであろう。

岡部がその後に赴任した小豆島（反戦のメッセージを叙情ゆたかに描いた戦後の名画、あの「二十四の瞳」の舞台）も「空襲はなしで呑気なものでした」とは、座談会で証言しているとおり。そんな運のいい兵隊もいたのである。

たが、さては、その日、早くも負けていたとは。その時はぜんぜん知らなかった。

大岡昇平　僕なんか知らん顔して寝ていたが、夜の十時ごろ、ポツダム宣言受諾の用意ありということを知らされましたね。米軍は早くキャッチしたのですね。船が汽笛を鳴らす、曳光弾をぶち上げる。大変な騒ぎで……眼の前で、ＧＩが抱き合って踊っているのです。映画なんかで、第一次大戦の終ったときの様子を見ておりますから（笑）。

荒尾興功　私たち中央の陸軍のその日の朝は大変なものでした。ひどく緊迫していまして。午前九時半ごろ、閣議から帰ると阿南大臣は、陸軍省の幹部全員に防空室へ集合を命じたのです。そして全員が集まると、大臣は過去二十四時間にわたって起ったことを簡単に説明された。聖断のことをきいたとき、さすがに、私たちも驚きました。大臣は毅然としておられましたね。

「大切なのは軍が整然たる行動をとることだ。勝手な行動はいけない」

そんなことをいわれました。その時、一人の課員が立って、「大臣は徳義ということを重要視されるが、それでは陸軍の徳義はどうか」と質問した。というのは、この日になって、進むも退くも阿南について来いというのです。いままでは進むことばかり強調されてきたが、こんどは退くことも含むのか、という意味のことをきいたわけです。

大臣はいいました。一歩進まれまして、
「不服なものはまず阿南を斬れ」
鞭をぴっと振って、それは強い強い態度でしたね。

富岡定俊　毅然としていた、といえば、米内さんも実に立派なものでした。あまり口数は多くありませんし、特に説得されるということもなかったが、私など、ああ米内さんはきっと殺されるな、と思っておりました。

昭和二十年
八月十二日（日曜日）

戦争指導会議再び紛糾

半藤一利　八月十二日午前零時四十五分、外務省無電室はサンフランシスコ放送を傍受します。それは日本の条件付受諾の問い合わせに対する連合国側の回答でありました。この非公式の回答をめぐって、首脳部は再び混乱に陥ったのです。そして陸軍は刻々とクーデターの気勢を高め、首脳部はこの激流に押し流されようとしていたのです。

荒尾興功　この日開かれた閣議から帰ってこられたとき、阿南大臣は「閣僚の誰もが、向うから示してきた回答に対して、国体の保証が与えられておる、という自信をもってない」といわれてましたね。

迫水久常　そりゃ、そうなんです。放送できいた向うの回答には「日本国の最後の政治形体は国民の自由に表現された意志によるものとする」とあるのですよ。政治、つまりgovernmentのgが大文字であるか、小文字であるか、それが問題となったのです。小文字のgの場合は天皇まで含み、大文字のGの場合は行政府と立法府だけを意味する。さあ、どっちだ、というのです。

しかも、平沼さんが、神ながらの天皇の地位を国民の意思によってきめるなど、とんでもないことだ。それは国体の変革である、とくるんですから、これはどうしようもない。てんやわんやです。

そして、この平沼さんの言葉に陸軍が最後までぶら下っていた。国体の変革など承知しない、というわけです。国体を護持できないなら、ポツダム宣言受諾などするものか……。

富岡定俊　海軍では米内さんがしっかりしておられまして、たしかこの日の朝じゃないですか、豊田軍令部総長と大西滝治郎次長とが、陛下にお目にかかって、受諾することの危険なことを申しあげた。これを聞かれて激怒されまして、豊田さん、大西さんを呼ばれて強く注意したほど、堂々としておられましたね。

迫水久常　いや、阿南さんもどうして立派なものでしたよ。この日の閣議で、まだもみにもんでいる最中に、大臣は中座されまして陸軍省に電話している。傍にいたので聞くともなしに聞いていたら、軍務局長の吉積さん（正雄中将）だかと話しているのです。

「目下閣議の状態は、逐次みんなの意思が徹底しつつある。なお、みんなの意思が徹底するまで閣僚に説得をつづけるから、自分が帰るまでじっとしているように。軽挙妄動してはならん」

私はびっくり仰天しましたね。どうやって陸軍大臣を説得しようかと、閣議でやっている最中ですからね。

阿南さんが陸軍大臣でよかった

荒尾興功　私も本当に阿南さんが陸軍大臣で日本のためよかったと思うのです。あれがもし他の、ぐらぐらするような人であったら、どうなったかわかりませんからね。

岡部冬彦　人にきいた話ですが、何でもこの日に鈴木総理が、今までの言をひるがえして、考えを変えられたということですが……。

迫水久常　いえ、それは陸軍大臣がアメリカの真意をもう一度たしかめるよう主張したのですよ。天皇を認めるのか認めないのか、変な言い廻しでなく、イエスかノーで、はっきり返事をとれ、そういったのです。それで鈴木総理が、東郷外相に対して「何かうまく聞くいい方法がありませんか」と尋ねられた。それで東郷外相が驚いたのです。まだそんなことを言っている。はっきり気持が決まっていないのか……。

松本俊一　それで東郷外相は辞任を決意されたので、こんどは私の方が驚く番で、とんでもないと説得し、鈴木総理の胸を木戸さん（幸一氏。当時、内大臣）にきいてもらう。大騒ぎでしたね。

迫水久常　この上、大胆な条件をつけたり、注文をもち出したら、交渉はこわれてしまいますからね。とにかく、現状で乗りきるほかはなかった。

昭和二十年

八月十三日（月曜日）

混乱する前線への命令

半藤一利　八月十三日になって、正式回答の公電が日本にとどけられました。が、依然として議論は袋小路に閉じこめられたまま、一歩の進展もみることがなかったのです。たとえば議論の一つの焦点となったものに、回答文にある“subject to”という文字がありました。

松本俊一　終戦工作というのは、要するに、今になると実感としては、文字の解釈論争みたいなものでしたね。

迫水久常　そうなんだな。前の「黙殺」もそうだが“subject to”なんかもその典型だった。回答の中に「天皇および日本国政府は、連合軍司令官にsubject toする」とある。これを何と翻訳するか。陸軍はことさらに、字引きのなかの「隷属する」というのを引っぱり出して、日本を奴隷にするつもりだ、といきまく。外務省は苦しまぎれの訳で「制限の下におかれる」。私は下手に法律の言葉を知っていたから「但し何々することを妨げず、というときにsubject toを使うのだ」と頑張った。こんなことで一日中議論しているのだからね。

岡本季正 私など海外にいるものは気が気じゃなかった。そこで、まあ精一杯できることといったら、外務大臣の動きやすいようにいい情報を送ることだ。こう考えていると、十二日のスウェーデンの新聞に、英国の論調がでていた。これはいくらか役に立つとピーンときましてね。

松本俊一 いくらかどころか、あれが決定的だったのです。

岡本季正 たしか、天皇に関することで、米英ソの折衝のいきさつを書いたものでしたね。「こんどの回答は、ソ連の猛反対を押しきったアメリカ外交の勝利である」。そんなのでしたかね。

松本俊一 そうなんです。つまりソ連は天皇抹殺論でしたし、英国だってあまりよくなかった。タイムズなんかよく天皇の悪口を書いてました。ところが、それをアメリカが抑えて、日本の天皇中心主義を認めさせた、そんな記事でしたね。実は、回答はもらったもの

証言者 それぞれの昭和二十年 夏

岡本季正 おかもとすえまさ

【座談当時】七十一歳。国際文化振興会常務理事。

明治二十五（一八九二）年、東京生まれ。東大法学部を卒業。翌年に外交官試験に合格し、英国、米国などに勤務。昭和二十七（一九五二）年にオランダ大使に任命される。退官後は日本ユネスコ国内委員会委員などを務めた。昭和四十二（一九六七）年に七十五歳で死去。

日本の外への窓口が、中立国であるスイスの加瀬俊一公使とスウェーデンの岡本だった。

小磯内閣・重光外相の末期、スウェーデンを通じての和平交渉案が浮上したが、二十年五月頃に「鈴木内閣時代に東郷外相によって打ち切られた」（松本俊一ら監修『日本外交史』25巻より）ことはあまり知られていない。スウェーデン政府に対して外相から和平斡旋を打診するよう促した岡本の電報に対する回答が五月十八日に届いたが、「それは『前内閣当時に行われたことに付ては篤と調査して見る必要があるから、本件は相当時日を要するものと御承知ありたい』というだけの簡単且つ冷静なもので『イエス』とも『ノー』ともいって居ない。（略）その後東京よりは本件に関して何等の電報なく、従って本件はそのままに終った次第である」（外務省編『終戦史録』収録の岡本季正自記より）。

八月十日、ポツダム宣言を受諾する旨の電報を受け取った岡本は、ソ連とイギリスへの通告、国体護持に対する意向確認の任をうけもっていた。岡本は十三日午後二時過ぎに、「連合国の回答はアメリカがソ連の反対を押し切ったもので、実質的には日本側の意向を是認したものである」と緊急電を東京に送り、受諾に向けて政府の背中を押した。

の、gとG、subject toで大悩みでしたでしょう。そこへ、岡本さんからの電報、これでハッキリしました。国体は護持されるってね。

迫水久常 とにかく、ものの解釈というものは実に議論百出でしてこっちが、〝大権〟なんてわけのわからぬ、いかめしい言葉を条件につけて出すと、向うから、〝subject to〟でしょう（笑）。

徳川夢声 陸軍でなくとも、イエスかノーかでゆきたくなりますね。みなさん命がけだったのでしょうね。

迫水久常 そんな感じはなかったな。

松本俊一 東京に原爆が落ちることがあり得るのだから、特に命がけということもなかったですね。今日あたりの東京の町の方が、よっぽど物騒ですよ（笑）。

徳川夢声 事実そんな噂がありましたね。十二日に東京に来るというのですよ、原爆が。

江上波夫 それは悲壮な噂ですね。

徳川夢声 ところがうまく出来ている。途中まで原子爆弾を運んできたけど、交渉がまとまったので、無電で「引き返せ」という命令がでて、帰って行った（笑）。

入江相政（侍従） 事実まとまりかけていたのですから、民間の方が情報には鋭敏ですね。

証言者　それぞれの昭和二十年 夏

徳川夢声　とくがわむせい

【座談当時】六十九歳。作家、評論家、俳優。

明治二十七（一八九四）年、島根県生まれ。一高（現・東大教養学部）の受験に二度失敗して活動弁士となる。漫談師、俳優に転身。戦後は、ラジオ、テレビ、雑誌を舞台にマルチタレントとして活躍し、幅広いファンを獲得した。昭和四十六（一九七一）年、七十七歳で死去。

「朝五時頃、警報発令、空中ノ小競合ヤマズ。日本種南瓜、子供ノ拳ホドノ落ツ。味噌汁ノ実ニスル、美味シ。正午、天皇陛下ノ御放送アリ。昼飯、豆ヲスリ、残リノ味噌汁ト混ゼ、青紫蘇ヲ入レル」。八月十五日の日記には玉音放送のことを食べ物の話にはさんで記している。オリジナルは備忘録のごとく淡々と事実を書いているのだが、後の『夢声戦争日記』（昭35）にはそのときの様子や心に去来したものについてくわしく書いた。「起立ッ！」と号令が放送されたので、夢声は直立不動となった。「君が代」の奏楽が流れ、終ると玉音が聞こえはじめる。話芸でならした〝声〟の専門家は「その第御一声を耳にした時の、肉体的感動。全身の細胞ことごとく震えた」という。さらに書いた。「何という清らかな御声であるか。有難さが毛筋の果まで滲み透る」

この四年後、夢声はサトウ・ハチロー、辰野隆とともに宮中へ参上して御前で放談し、天皇が大いに笑うのを聞いた。直接耳にした天皇の声について「公式の時は専らトロンペットみたいなお声を使われるらしいナ。僕ら、初めお話してる時はそうでしたもの。途中から音声が低くなりましてね。バリトンくらいのお声でお話になる」（「文藝春秋」昭24・6「天皇陛下大いに笑ふ」より）と語った。

私など宮中におるものよりも……。

池田純久 そんな風に、中央では議論につぐ議論の毎日だったのですが、前線ではどうだったのでしょうね。

南部伸清（海軍少佐、潜水艦イ401艦長） 私は当時最新式の大型潜水艦イ401の艦長として、太平洋の真ん中で作戦行動中だったのですが、十三日ごろから、どうも様子がおかしいぞということが察知されました。というのは、私の艦ではアメリカの通信を全部傍受できるのですから、どうしても米軍の喜びようが入ってくるのですね。こっちは血眼ですから、何を喜んでいやがる、いまに見ていろよって……（笑）。

会田雄次 やはりビルマで電報班にいた友人に聞いた話ですが、それで内地からの電報をみんな知っている。原爆も、ポツダム宣言も知っていた、というのですね、それが十日すぎから乱れてきた、といっていましたね。阿南大臣の例の十日に出た玉砕命令の前に、寺内寿一南方方面軍司令官の電報が入っている。それが「十三日ごろポツダム宣言を受諾するやも知れず、暗号書を焼いておけ」というのだったそうですね。と、思ったら翌日、阿南大臣の電報で、徹底抗戦命令がくる。滅茶苦茶なことったらないとあきれていましたがね。

証言者 それぞれの昭和二十年 夏

南部伸清　なんぶのぶきよ

【座談当時】五十一歳。防衛庁統合幕僚学校副校長。

明治四十四（一九一一）年、石川県生まれ。海軍兵学校卒業。潜水艦長を務めた。戦後は昭和二十年十一月に予備役となり、その後海上保安庁、海上自衛隊に勤務した。著書に『米機動艦隊を奇襲せよ！』（平成11）がある。健在。

南部はポナペ島南方約一〇〇マイルの海上で、潜水艦伊号第四〇一艦長として終戦を迎えている。その潜水艦は潜水空母とも呼ばれた日本海軍が誇る戦略艦だった。排水量五千トン、攻撃機三機、魚雷二十本を装備した大艦で、乗員は二〇四名だった。同艦は八月十五日、日没後三十分に海面に浮上した。

「通信兵が報告してくる情報のなかに、陛下の詔勅があった。数カ所不明なところがあったが、読んでいけば要するに日本が降伏したということらしい。『……堪え難きを堪え、忍び難きを忍び……』のところで、私は怒鳴った。『これはデマだ。こんな馬鹿なことがあるものか。乗員に絶対に知られてはならぬ』（略）怒鳴ったのは、あるいは自分に言い聞かせていたのかもしれなかった」（『米機動艦隊を奇襲せよ！』より）

「即時戦闘行動停止せしむべし」との後続電報を受けて内地に向かう途中の二十六日、武器、弾薬を海中に投棄し、つづいて飛行機、魚雷を発射投棄した。たえまなく傍受する電報は国内の混乱を伝えていた。

「統制のないこれらの情報は、まことに大日本帝国の断末魔の叫びを聞く思いであった」（同前）。

一度も戦うことなく丸裸となった艦が、横須賀港に帰港したのは八月三十一日だった。

今村均　私もラバウルで、十日発信の阿南大臣の「断乎神州護持の聖戦を戦い抜かんのみ」という命令を受けとりました。

富岡定俊　海軍は小沢治三郎司令長官宛の大海令を全軍に布告しましたね。「次期作戦兵力の温存を顧慮することなく」といった思いきったものでした。これが十一日に出ておりますね。

扇谷正造　どこもかしこも惨憺たるもの、という状態がよくわかります。

昭和二十年

八月十四日（火曜日）

天皇、遂に終戦を聖断

半藤一利　八月十四日午前十時五十分、天皇は蓮沼蕃《しげる》侍従武官長をしたがえられ、会議室に歩を運ばれた。そして天皇は再び同じ意見をのべられた。

「陸海軍将兵にとって武装解除なり占領というようなことは、まことに堪え難いことで、その心持はよくわかる。しかし、自分はいかになろうとも、万民の生命を助けたい……」

この聖断を受けて閣議が開かれ詔勅の文意と字句についてあれこれと論議が戦わされたわけです。

そして数時間後、全世界の人々は歓喜の声をあげました。「戦争は終った！　平和はよみがえった」と。

実はそのときから、すべての日本人にとって、いちばん長い日がはじまろうとしていたのです。

富岡定俊　私はいつも思うのですが、あの終戦の詔勅というのは実によく出来ている。筋が通っている。解放戦争を企図したこともちゃんと出ている。ここでまだ頑張ってやったら、日本民族の復興はない、と示してもおりますしね。特に「軽挙妄動するな」とか、「堪え難きを堪え、忍び難きを忍び」なんていうのは、国民に対してではなく、軍を対象にしているな、と思うのです。

迫水久常　富岡さんにそうほめられると照れくさいのですが、あれは最後の御前会議における陛下のお言葉をメモしてきたのですよ。それを基盤に書き直したわけです。

鈴木一　そうですね。あの会議に列席したものも、いままでは私と迫水さんぐらいですかね。

まったく詔勅のとおりの陛下のお言葉でしたね。

迫水久常　私が一応書いたのを、木原通雄君（政治評論家）に推敲《すいこう》してもらいましてね。清書して、また手を入れて、もう一度木原君に……そして、五、六遍書き直した。その上、漢文ですから漢文に誤りがあってはいかんというので、安岡正篤氏に手を入れてもらった。或いはご存じじゃないでしょうが、開戦の時の詔勅に誤りがあるのですね。

今村均　それは知りませんでしたね。

迫水久常　「帝国ノ存立」というところで「亦正《マサ》ニ危殆ニ瀕セリ」と書いてある。だが文法的には「正ニ」といったら「瀕セントス」でなければ漢文ではないのですね。こんどはそんな間違いをしたくなかった。それから字句の問題なんだが、陛下のお言葉どおりに「永遠ノ平和ヲ確保セント欲ス」と書いておいたら、安岡さんが、宋の時代の学者で張横渠という人の言葉のなかに、「万世ノ為ニ太平ヲ開ク」というのがある、それをそのまま使いなさい。ピタリとするから、というんですね。そこでそこを消して「太平ヲ開カムト欲ス」とした。

こんな風に作成して、閣議へもっていったら、ここで喧々囂々《けんけんごうごう》なんです。問題となったのは「朕ハ神器ヲ奉ジテ常ニ爾《ナンジ》臣民ト共ニアリ」という原案だったのに、石黒忠篤農商大臣だったと思うが、「神器ヲ奉ジテ」というのを取った方がいい、というのです。「君ね、こういうことを書くものではないよ。アメリカが日本へやってきて、三種の神器というものに、非常に神秘を感じて向うへもっていったら、どうするね。こういう大切なものは隠すにかぎる」(笑)。

入江相政　なるほど、そういう経緯をぜんぜん知らなかった。終戦後すぐに三種の神器をとりにくるかも知れないから、偽物を作っておこうなんて、ずいぶん苦労をしましたが。結局、にせ物を作る必要がなかったのは、いまのお話のおかげかも知れません。

迫水久常　安岡先生がもう一つ手を入れられたのは、「時運ノ趨《オモム》ク所」というところで、これは原文では「義命ノ存スル所」とあったのです。ところが閣議へ出したら、さっぱり何のことかわからんというのですな。頭の悪い連中がそろっていたのですよ(笑)。それで「時運ノ趨ク所」となった。それから、最後に大問題になったのが、「戦局必ズシモ好転セズ」の名文句でしたね。

池部良　はじめは単刀直入に負けだとなっていたということですね。

迫水久常　ええ、「戦勢日ニ非ナリ」でしたかな。だが、これを阿南大臣がどうしても「必ズシモ好転セズ」とせよと頑張るのです。これでもめましてね。直せ、直さないで、一時間も、二時間もかかる。米内海相は「どうして直す必要があるか。文字どおり戦勢日に非なりではないか……」

入江相政　陛下はそのころ本当に首を長くして詔書を待っておられました。まだ来ないか、まだ来ないか、となんべんもおっしゃられて……そこで、私の方から内閣の方へきくと、もうすぐだ、もうすぐだ（笑）。

迫水久常　閣議のとちゅうで米内さんが席をはずされたことがあったのですよ。出てゆくとき「迫水君、これだけは譲歩するなよ」といわれたので、必死に頑張っていたら、やがて戻って来られて、阿南大臣と一言、二言いわれた、と思ったら、あっさりと譲られて「戦局必ズシモ好転セズ」でもいいということになった。拍子抜けでしたね、あれは。結局、陸軍の言い分を通したのは、あの個所だけでしたが……。

荒尾興功　とにかく阿南さんの強い信念で、十四日の午後には、承詔必謹《しょうしょうひつきん》という陸軍の最高方針が確立していました。

池田純久　たしかに阿南さんの考え方一つで、陸軍はどうにでもなる態勢にありましたね。クーデターも、阿南さんの決心次第では、どこまで大きくなるかわからなかったと思います。最高方針がきまるまでは、陸軍はその気になっていました。

証言者　それぞれの昭和二十年 夏

入江相政　いりえすけまさ
【座談当時】五十八歳。侍従。
明治三十八（一九〇五）年、東京生まれ。昭和四十四（一九六九）年に生え抜きの侍従としては初めての侍従長になる。著書は『侍従とパイプ』ほか二十冊を越える。死後『入江相政日記（六巻）』が刊行された。昭和六十（一九八五）年に八十歳で死去。

父の為守も昭和天皇皇太子時代の東宮侍従長だった。父子二代で昭和天皇の側近である。

入江相政は東大文学部国文科卒業。学習院教授を経て昭和九年に侍従となる。

十九年から二十五年までは、内親王たちの事務官も兼務した。女子学習院は十九年から那須塩原に疎開していたために、毎月一週間ほど塩原に出向いており、二十年八月は、七日から塩原にいた。

入江は十四日の昼前に帰京してはじめて聖断でポツダム宣言受諾が決定したことを知る。「聖断は已に下り、事は意外に早く進んでゐた。僅か一週間の不在にまるで浦島太郎のやうな気持である」（『入江相政日記』より）。

閣議では、録音開始予定時間を過ぎても延々と終戦の詔書案の字句をめぐる白熱の議論が続き、その間入江は詔書の完成をひたすら待ち続ける天皇のそばにあった。ついに完成した詔書を録音する夜十一時半過ぎの御政務室にもいた。その後、陸軍省の青年将校たちによる叛乱の危険が天皇の在所である御文庫にまで迫り、そしてそれが去った朝も近くにあった。

「正午の御放送を拝聴、涙が出て出て仕様がない」「夕食は君子がくれた米をたいておいしく食べ、事務官室の畳の上にほろ蚊帳を吊つて寝る」（同前）。

荒尾興功　十三日の夜から十四日の朝にかけて、市ケ谷台の下になんか、若い軍人や学生が集まって大いに気勢をあげてましたね。

池田純久　十四日の午後でしたか、最高方針が確立する前だったと思いますが、阿南大臣が梅津総長のところへ来まして、

「クーデターをやってまでして戦争を継続すべきだ、という意見があるが、どう考えるか」

と尋ねられたことがあるのです。梅津さんは「すでに御聖断が下されたのに、そういう大それたことをすれば、国民が絶対についてきてくれない。クーデターなどとんでもないことです」と答えられた。

するとと阿南さんが、

「そうでしょうな」

といわれたというのです。そうですか、ではなく、そうでしょうな、と自分の心をもう一度確かめられたようにして帰ってゆかれたのです。陸軍の最高責任者の二人が、大臣と参謀総長の二人の意見が、このとき一致した。つまり陸軍にはクーデターはこのとき消滅していたのです。

館野守男　もし大臣先頭でやっていたら、あの当時の治安状況では、なんとでもなりましたね。危かったですね。
入江相政　そうでなくとも、皇居の中なども、大変な騒ぎでしたからね。近衛師団の一部の叛乱だけで、もうすっかり弱らされて……。
池田純久　私は首相官邸に毎晩泊っていたのでしたが、あの日にかぎって宿舎に帰ったのです。もしいたら、軍服は私だけですから、もちろんやられていたと思います。
迫水久常　阿南さんは、総理、海相、外相と共に何といっても終戦のときの功労者の中の一番の人だと思いますね。
荒尾興功　十四日の晩の九時二十五分ごろでしたかね。総辞職のための閣議にゆかれる直前に、最後に大臣とお会いしましたら、しみじみとこういわれるのですよ。
「荒尾、若い立派な軍人をなんとか生き残るようにしてもらいたい」
それからあと二言、三言話してから、
「軍がなくても日本の国は大丈夫、亡びるものか」と力強くいわれた言葉が忘れられませんね。阿南さんという人は、講和というのを真剣に考えていたと思います。ただそれを結ぶために、その条件をいかにして有利に導くか、そのために非常な努力をされたと思うのですよ。
たとえば元首相の吉田茂さんが憲兵に捕まったというのを大分あとになって聞いたとき、すぐに、国のお役に立つ人を何ということだ、というので釈放を命じたという事実もあるのですよ。

吉田茂（元駐英国大使）　二十年の四月十五日に捕まりまして、四十日もの間、憲兵隊だの、留置場だのに入れられたあげく、代々木の衛戍監獄では空襲にあいましてね、危うく蒸焼きにされるところでしたよ。不起訴になって、生きて帰れたのは阿南君のお蔭もあったのでしょうね。

入江相政　荒尾さんのお話で九時すぎに阿南さんと別れられたとありましたが、同じころでしょうね、詔勅が陛下のお手もとにとどけられたのは。実は、政府から差出される書類は、いつもタイプで印刷してあるか、毛筆でかかれているのですけれど、その夜の詔勅はそれはひどいものでして、消したり、書き入れがあったり、線でずっと遠くの方へ引っぱっていってそこに書き加えがしてあったりで、いまでも記憶に残っています。

迫水久常　そうでしたかね。原稿そのまま差出したのかな。

入江相政　でも陛下はそれをずっとお読みになって、ああ、これでよろしいとおっしゃい

証言者 それぞれの昭和二十年 夏

吉田　茂　よしだしげる

【座談当時】八十四歳。元首相。

明治十一（一八七八）年、大分県生まれ。東大政治科卒業後、外交官となる。戦後は東久邇内閣・幣原内閣の外相を務めたあと自由党総裁に就任し、昭和二十一（一九四六）年五月、第一次吉田内閣を組織。以降、五次にわたって内閣を組織した。昭和四十二（一九六七）年、八十九歳で死去。

玉音放送を、吉田は大磯の私邸で聞いた。

「八月十五日の終戦前夜は、前述の憲兵隊監禁中の栄養失調が祟ってか瘍を患い、大磯に臥していた。范増ではないが、『憤り発して背に瘍を生ず』というところである」（昭和32刊『回想十年』より）。

この監禁は四月中ごろから四十日に及んだ。「もはや敗戦必至」と見て、米国との和平を主張した二月十四日の近衛文麿による天皇上奏。近衛がその前夜に長時間吉田と話し合っていた事実を憲兵隊は押さえていたのである。

監禁された吉田は、戦火に追われて九段の憲兵隊、代々木の陸軍衛戍監獄、目黒の刑務所、目黒小学校と転々としたあげくに解放された。

この一件以降、誰ひとり吉田を訪ねるものもなかったが、「ある日突然一人の戦闘帽、戦時服といういでたちの人物が、私の家にあらわれた。家人がまた憲兵が来たかとおどろいて、よくよく見ると、近衛公であった。しかも公の発した最初の言葉がおもしろい。『おい、憲兵はいないだろうな』ということであった。さすがは摂政関白だと私は思った」（同前）。

瘍も癒えて九月十五日、東久邇内閣の外相に就任してから以降、吉田が大忙しになったことはごぞんじの通り。

ました。それを佐野という事務官が清書して出来上ったのが十時ちょっと過ぎなのですね。それから放送というのです。少し離れておりまして、お出でになろうとしたら、警戒警報がでまして……。

徳川夢声　十四日の夜？　ああ、ありましたね。ふらふらと一機がまいこんできた。

入江相政　それで何も遮蔽のないところをお車でゆかれるのは危険だというので、しばらく様子をみたのですが要領を得ないのです。ところが係りの方からはたびたび催促がありますものですし、はじめは翌日の早朝に放送されるということでしたから、陛下もお急ぎになられましてね。

町村金五（警視総監）　いいえ、私が知るかぎりでは玉音放送は十四日の午後六時ときいていましたが、それが阿南陸相の申し入れで、十五日の正午に延期にされたということでしたよ。何でも「陸軍部内を説得するまで待ってほしい」という理由だったとか。

入江相政　そうでしたかね。とにかく陛下も急がれるし、私どもも、一番の国の大事なことをなさるのに何事もあるまいと相談しまして、思いきって暗がりを突っ走りました。そして、いま陛下の庁舎の方のお部屋になっているところで、録音なさいまして、私は廊下でお待ち申しあげたのですが、お声がよく聞こえるのですね。いっぺん録音をなさいまし

証言者 それぞれの昭和二十年 夏

町村金五　まちむらきんご

【座談当時】六十二歳。北海道知事。

明治三十三（一九〇〇）年、北海道生まれ。東大卒業後、内務省に入省。戦後は、昭和二十一（一九四六）年から五年間公職追放され、復帰後、衆議院議員となる。北海道知事を三期務めた。官房長官の信孝は次男。平成四（一九九二）年、九十二歳で死去。

町村は、鈴木内閣成立と同時に警視総監となり東京の治安に当たっていた。

二・二六事件のとき、湯浅倉平宮内大臣秘書官をつとめた人物だけに、鈴木首相は厚い信頼をよせていたのである。凶弾に倒れた鈴木に、銃創手術の名医、塩田広重博士をすぐさま差し向けたのが町村だった。鈴木首相は内閣発足時に、町村には、まず内閣書記官長のポストを打診している（町村は辞退）。警視総監就任後は、「私は鈴木総理に週に一回はお目にかかり、帝都の治安情勢、とくに気がかりな陸軍部内の不穏な情勢について報告申しあげていた」（昭57刊『町村金五伝』より）。

八月十四日深夜、警視総監室で仮眠をとっていた町村に、「坂下門にいた皇宮警察官が姿を消したかわりに軍が立っている」との知らせが入ってとびおきる。首相官邸にも軍が押し入った、首相の私邸も襲われたが首相は無事である、NHKが軍によって占拠された、という情報が続々と届いた。

町村はかねてよりの打ち合わせ通り、東部軍管区司令官田中静壹大将を訪ねて速やかな解決を求め、叛乱は無事鎮圧された。動きを予期し、鎮圧のための計画が用意されていたのである。

町村は、クーデター未遂事件の責任をとって警視総監を辞任した。

て、終ったとき、陛下は「どうだったろう」ときかれているようでした。誰かが何やらお答えしているようでしたが、すぐに陛下のお声で「今のは低かったようだから、もういっぺんやろう」とおっしゃられるのですね。私には、とにかくもう一度出直そう、とおっしゃっておられるように聞こえ、思わず涙ぐんでしまいました。

今村均　ほう、二度も録音をおやりになられたのですか。

入江相政　はい、二度目のはもっとよく聞こえました。「任重クシテ道遠キヲ念《オモ》ヒ、総力ヲ将来ノ建設ニ傾ケ……」。万感が胸に涙が自然にこぼれてまいりました。

富岡定俊　あのお声が聞こえるようですね。

入江相政　終ったのは零時をすぎていたと思います。ちょうど空襲警報がでておりまして、その中をお帰りになられたのだと記憶しております。そしてすぐお休みになられたら……。

徳川夢声　さて、この後が例の宮城事件になるのですが、もう時計の針は八月十五日にまわっているのでしたな。

昭和二十年

八月十五日（水曜日）

大日本帝国崩るるの日

半藤一利　八月十五日午前二時ごろ、天皇が部屋に戻られたとほぼ同時刻、森赳《たけし》近衛師団長が無謀なる反乱将校のため射殺され、そしてニセの師団命令によって踊らされた反乱軍将兵は、皇居内に乱入し、要所要所を早くも占拠しはじめていました。陛下の録音盤を奪取し、放送を喰いとめ、聖断を考え直してもらおうという意図の下に、です。午前四時すぎ、阿南陸相は責を負うて自刃した。遺書には「一死以テ大罪ヲ謝シ奉ル」とあります。

そして同八時、田中静壹東部軍司令官の決死の説得によって、反乱は速やかに鎮圧されました。

入江相政　ほとんど四、五十分、トロトロと眠ったと思ったら、すぐに戸田康英侍従に起こされまして「何をボヤボヤ寝ているか」と叱られました。電話線はぜんぶ切られて兵隊に囲まれている、というのでしょう。若干予想はしていましたから、まず気を落ちつけて、よろしい、まず陛下のお休みになっておられる吹上の御文庫の鉄扉をぜんぶ閉め、桟までしっかりと締めました。サザエが殻を閉じたようなものですが、アメリカの空襲でも桟をおろしたことがないのに、日本兵に囲まれて桟まで締める、皮肉なものだと思いました。といって外部との連絡口まで締めるわけにはゆかず、一つだけ押せば開くようにしてあったのです。

南部伸清 そこから兵隊が入ってきたらどうなさるおつもりでしたか。

入江相政 きたら百年目で、もう滅茶苦茶に、沢山部屋がありますから、そこへ案内しながらぐるぐるまわって時間をつぶそうと考えていました。その間に陛下をどこかへお連れする……。それが四時か、そこらなので、すぐ夜が明けてきたのですが、これがずいぶん長く感じられましたね。

夜が明けるとすぐ反乱軍は鎮圧されたのですが、それがわからない。三井侍従（安弥氏）という人が、吹上御所のすぐそばで田中静壹大将（反乱鎮圧の後に、八月二十四日自決）にばったり出会ったそうですが、ところが三井さんはすごい近眼だから、反乱将校と間違えましてね。大将が「御文庫にちょっと伺いたい」といったので、大変だ、カーキ色が陛下をねらっている（笑）。だが、ぐっとそばによってみたら、おや大将だ。大将ならまぁ手荒なことはすまい（笑）。

会田雄次　侍従にも豪の者がいたのですね。

入江相政　まだいるのですよ。徳川義寛侍従という人がそれで、庁舎で録音盤をとりにきた兵隊と衝突しましてね。「録音盤のありかなぞ、知っていても言えるか」といったら殴り倒されて、蹴とばされ、翌日顔がすごくはれていましたよ。自分ではそんなに勇ましくはなかったといってましたがね。「言わんと切るぞ」。もののはずみだから「切るなら切れ」。いってから、しまった（笑）。

扇谷正造　どこにしまってあったのです？

入江相政　それが侍従室の奥に小さな軽金庫があって、その中に入れてあった。金庫といったってスチール・ケースみたいな、ちゃちなもので、二人ぐらいで楽に持てるものなのです。

池部良　大切なものを、そんな所にあるとは兵隊たちも思わなかったのでしょうね。誰が入れておいたのですか。

入江相政　徳川侍従でしょう。翌朝早く使うようなものを、よく入れておく金庫ですから、特に考えてしまっておいたわけでもないのですよ。

徳川夢声　知っていたが言うものか、切るなら切れで、徳川という名の人間にはさすがに偉い人が多いね（笑）。

館野守男　そんな風に宮中でいくら探しても録音盤が見つからなかったからでしょう。反乱将兵の一部が放送局に乗りこんできましてね。午前五時の放送開始の直前でしたね。私は、正午の重大放送の予告と警戒警報のニュースを放送しようと、スタジオへ入っていたら、若い少尉を先頭に畑中健二少佐（森師団長を射殺し後に自決した将校）らの兵隊が数人、いきなり入ってきたのです。そして、放送を止めろ、代りに自分に放送させろ。少尉はピストルを私の背中に突きつけるのです。

村上兵衛　こわかったでしょう。

館野守男　ええ、でもこういう事態が起きるのを予想はしていましたから、覚悟はしていました。だから、放送させろといわれても、もしさせて、とんでもないことになったらとピーンときました。たまたま警戒警報が出ておりましたので、「今、ここでスイッチを入れても放送は全国に出ませんよ。警戒警報中は、東部軍司令部が握っているからそこに連絡しなければならない。また、かりに東部軍が許可しても、全国放送にするためには、各地方局へ連絡しなければならないから、相当時間がかかる」なんて、嘘八百をならべまして……。

池田純久　畑中少佐はその間どうしていました？

館野守男　おびえているというか、いらいらしているというか、顔面を蒼白にして、僕たちの気持を聞きたいという。下手な返事をしてはいかんと思って、感無量ですな、そんなやりとりをしましてね。背後のピストルの少尉は、撃つぞ撃つぞと靴を鳴らしておどかすのですが、少佐は冷静でした。

机の上に、放送したいという草稿用紙がひろげてあるので、ちらと一行目だけみたのです。「宮城を守備しありしわが部隊は」と書かれてありましたね。

三十分ぐらいして、東部軍と直通してあった電話が通じて、東部軍参謀が電話口に出て「畑中を呼べ」という。少佐に出てもらったら哀願するような調子で、何とか放送させてもらいたいといっていたようでした。ところが向うの参謀が頑としてきかなかった。そして諦めて、丁寧に私に敬礼して去ってゆきました。

町村金五　そのときでしょうかね、私は混乱が起ったというので、陸軍のことは陸軍に責任をとらせろ、ということで、東部軍へ談判にいったのです。そして司令官と談判している最中に、高島辰彦参謀長と畑中少佐が電話で、なにか言い合っているのです。高島参謀長がしきりに、「ここに至っては無謀なことは止めろ」とさとしているのが聞こえたのですが、高島さんというのは強硬な戦争継続論者だったが、この人がさとしているくらいなら、陸軍はこれで収まる、という自信が湧いてきましたよ。

半藤一利　反乱が無事おさまったあとは、正午の玉音放送となるのですが。

入江相政　とにかく無事にすんで、陛下の玉音放送が予定通りに行われたというのは、大変なことでしたね。ところで、陛下御自身もその放送をお聞きになっていられるのです。午前中ずっと枢密院会議がございまして、これが正午近くで打ち切りになった。そして、平沼議長をはじめ、枢密院の方がずらりとならびましてね、その正面に陛下がおられるのです。そこへ放送が流れまして、陛下のお声がだんだん進まれるうちに、平沼さんが老軀を折りまげて、泣かれるのですよ。嗚咽歔欷《おえつきょき》そのものといったご様子でした。

会田雄次　私はさっきも申しましたようにビルマにいたのですが、もう十四日の日から敗戦はわかっていましたね。でも十五日になって、朝から大砲の音が聞こえないのですね、あのときは嬉しかった。砲声が絶えて、しいんとしている。当時は幽霊みたいな存在だったでしょう。だから、戦争がすんで、これで日本へ帰れる、帰れる、というので、みんな

証言者 それぞれの昭和二十年 夏

会田雄次 あいだゆうじ

【座談当時】 四十七歳。京都大学人文研助教授。

大正五（一九一六）年、京都府生まれ。京都大学史学科卒業。神戸大学助教授を経て京都大学教授。専門はルネサンス美術史・精神史。著書に『ルネサンスの美術と社会』『ヨーロッパ・ヒューマニズムの限界』などがある。平成九（一九九七）年に八十一歳で死去。

昭和十八年夏、会田は二十七歳で龍谷大学の予科講師をしているときに召集され、ビルマ戦線に歩兵一等兵として従軍した。

終戦時にはビルマの南東端まで追いつめられて英軍と対峙していた。

八月十三日、後方の補給部隊に食糧などをとりに行く途中、敵の飛行機がまいた「陣中新聞」という宣伝紙をこっそり拾ってソ連の参戦と日本の無条件降伏が近いことを知る。

その日に泊まった中継所で、泊まり合わせた通信隊の兵士から日本の無条件降伏を知らせる無電を傍受したことを聞く。

「情ない話だが、それを聞いたときは、思わずおどり上りたい気持になった」。

その後、二、三日して連隊長代理から終戦が告げられた。

「ともかく兵隊たちはみんな弱った。どうしたらよいのか、どうなるのかわからないのである。ジャングル兵舎へ帰って横になりながらいろいろと語り合ったが、もっと戦おうというものは一人もなかったと記憶している」（『アーロン収容所』より）。

イギリス軍の捕虜となり二十二年に復員するまでの約二年間、ラングーンの収容所で強制労働に服させられた。

この時の捕虜体験をもとにして三十七年に『アーロン収容所』を著した。

涙をポタポタ落して……。

有馬頼義　私も父（頼寧氏）の関係で十四日に敗戦を知っていましたから、むしろその十四日の晩の方が、嬉しかった。その晩、何をしたかというと、空襲のはじまるたびに防空壕に運んでいたカルピスを飲んだ。これはおいしかったですね。そして電気の黒い覆いをはずして、家中の電気をぜんぶつけて……。

徳川夢声　私もずっと前から予感していましたが十五日の玉音放送は、それなりに感慨がありましたね。この時、はじめて一家の主人だという気がしましたよ。ラジオの前に私が坐りましてね。ななめ後方に女房と娘。三人で慎しんで聞きましたよ。すると、ラジオが起立ッと号令をかける。直立不動でしたな。そして聞いていると、涙が出ました。ポトン、と畳の上に落ちた涙の音が、爆弾のように響きました。そして放送の前後に君が代があった。これが古ぼけたレコードらしい、雑音だらけの君が代。あれくらい悲しい君が代を聞いたことはありませんね。

有馬頼義　その直後に東京に雨が降って、カボチャの青々たる葉に音もなくそそぐのです。印象深かったな。しみじみ日本は負けたのだと実感しました。

ルイス・ブッシュ　十五日の昼、雨ちょっと降りました。二時、三時ごろ。

篠田英之介　広島はいい天気でした。

村上兵衛　信州もよく晴れて、終ったという感じと、晴れたという感じが一緒でしたね。

ルイス・ブッシュ　戦争終るとき、横浜の収容所に十時ごろアメリカの戦闘機きました。とても低い。十一時半ごろ、ワタシ庭歩いていました、急に静かになりました。電車の音、港の音、みんなない。気持悪い。四人の兵隊事務所の中で、テーブルの前、ラジオありました。十二時誰かの声聞きました。すぐわかりました。日本人はじめて天皇陛下の声聞きます。戦争終り、ワタシ身体変になりました。喜んでいいのか……急に下士官きました。「ブッシュ大尉、戦争終り。これから私、あなたの捕虜」……。

徳川夢声　ずいぶん気が早いね。

ルイス・ブッシュ　夕方六時ごろ、兵隊さん一緒に、銭湯ゆきました。日本人みな喜びました。横浜の人英語よく知っています。ほんとうに銭湯面白かった。戦争終り、よかったと思いました。二、三日たって、B29、いろいろ食べ物落としました。友だちと一緒にいました。たぶん三メートルそば、コンビーフ一箱、ボーン、落ちました。I was nearly killed by American corned beef（危うくアメリカのコンビーフで死ぬところだった）。川崎収容所で一人英国の兵隊さん、コンビーフで死にました。戦争終ってからです。

各地各様の十五日

酒巻和男　ブッシュさんの収容所の終戦はのんびりして、結構ですが、私の場合は深刻でしたね。米軍司令官から正式に通知をもらったのですが、予告もあったし覚悟はしていました。しかし、やはりいちばん最初に思ったことは、日本へ帰れるかということでした。捕虜となってアメリカ本国に来ているような連中は、みんな相当の試練をへてきているのですが、いざ戦争が終ってみると、やはり動揺はかくせません。

大岡昇平　僕らもそうでしたね。自分の親兄弟が村や町の人たちに対して顔向けができなくなるだろう、だから家へ帰るわけにはゆかない、というものが何人もいましたから。

酒巻和男　私は帰ったら、必ず軍法会議にかけられるだろうと覚悟していました。日本へ着いたら、きっとそうされるだろう、そのときにその場で自決しよう、そんな風に考えたこともあるのです。

会田雄次　僕なんかでも、父母や子供たちのために捕虜になりたくない、と思いましたものね。学校でいじめられたら可哀想だ。

扇谷正造　そうですね、僕は歓呼の声に送られて出征したのですけれど、駅で汽車がでるとき、女房がぐっといちばん末の子を、三ツぐらいだったか、これを差しあげてね、顔を見たらニコニコ笑って、可愛い手をふるんです。兵隊さんがゆくというので……。それで僕は思った、勇ましい兵隊でないにしても、この子のために、父親として恥かしくないだけのことだけはしてきてやろう、本気でそう思いましたものね。

大岡昇平　「生きて虜囚の辱《はずかし》めを受けず」なんていうのも、結局それかも知れんものね。同じ捕まった身分でも、志賀さんなんかはどうだったのですか。

志賀義雄　玉音放送は私たちも聞きましたよ。私と徳田がいちばん先頭で。ところが、あの日本語は聞きとれませんでね、建物にガンガン反響するし、……でも「忍ビ難キヲ忍ビ」がわかりまして、これは予告どおり終戦だな。徳田をみたら、天井を向いて、うそぶいている。でも、すぐに出られるなどとは思いもしませんでしたね。

池部良　私はニューギニアのそばのハルマヘラという島で、放送をきいたのですけれど、もうここでも前日あたりから噂が入ってきていまして、兵隊たちの気持の底には厭戦気分があったのでしょうね。ですから、放送を聞いてから、二、三時間もしたら、あっち、こっちで「万歳」「万歳」とやっているのですよ。泣きながらよく敗けてくれた（笑）、というようなことをいうやつもいる。雨蛙みたいなジャングル生活をやめて、陽の当る場所へ出よう、などといって、広いところへ出たら、実に気分がいい。敵機も飛んでいないだけでもありがたかった。

岡部冬彦　どうも不肖の兵隊ばかりなんですが、僕の場合はそれに近いのです。ただ隊のラジオが悪くてよく聞こえない。だからこれはソ連と戦えというのだなんて勝手に考えていたら、土地の人が「負けたんだよ」。そうなると、もうすることがないから、少年兵と一緒に魚を釣ったり、水泳をしたり、小豆をもってきてお汁粉を作ったり……まことに申し訳ない。

今村均　ラバウルではその点ぜんぜん違いましたね。士気旺盛で降伏なんていうことは考えもしませんでしたから。でも玉音放送はよく聞きとれませんでした。それで、一億総決起かなにかのご勅語だろう、と考えていました。そうしますと、午後三時ごろになって、海軍大臣からご勅語を暗号電報で送ってきて、その写しを海軍から貰って、はじめて降伏したとわかったのです。それをもってきた若い参謀が、私が立って拝読しておりますと、すすり泣きをはじめるのです。戦陣での武将は決して涙をみせるものではない、と深くいましめていたのに、それで不覚にも涙を、私も流してしまいました。

池部良　ラバウルには糧食武器など十分あったのですか。

証言者 それぞれの昭和二十年 夏

池部 良 いけべりょう

【座談当時】四十七歳。俳優。

大正五（一九一六）年、東京生まれ。昭和二十一（一九四六）年十月に東宝に復帰。二十四年の今井正監督作品「青い山脈」に出演してトップスターとなった。のちに映画俳優協会の理事長もつとめた。昭和三十三年に中国、南方転戦記『オレとボク』を発表している。健在。

「青い山脈」で高校生を演じたとき、池部は三十三歳の復員兵だった。

立教大学文学部英文科在学中の昭和十五年、映画監督を志して東宝のシナリオ研究所に入る。翌年、東宝映画文芸部に入社するが、島津保次郎監督に見出されて、はからずも俳優としてデビューすることとなった。

翌十七年の二月一日に応召、中国山東省に派遣される。応召は島津監督作品「緑の大地」のクランクアップの翌日だった。連隊長の執拗なすすめで試験を受けさせられ、答案を白紙で出したのになぜか合格し、甲種幹部候補生として士官学校に入って少尉に任官（兵役の期間は兵隊二年、将校四年だったため受験を拒否し続けていた）。十九年には南方へ。途中、輸送船が撃沈されたが九死に一生を得てハルマヘラ島に上陸し、終戦まで同島に駐留することになる。

島で玉音放送を聞いたときのことを後にこう書いている。「部隊長はハラハラと流れる涙を両手でこすった。嗚呼、われ敗戦を知る。やれやれである。兎に角、戦わんがために此処まで来たことに間違いないけれど、敗けたとなれば、一刻も生命を延ばしたいと考え始めた。残念は残念として別口に考えることにした」（『オレとボク』より）。

現地で翌年六月まで抑留された後に帰国した。

今村均　ありました。弾丸でも、手榴弾でも作ったし、マラリアの薬まで作ろうとしたほどでした。みんな現地生活です。私の部下が七万、海軍を合わせて十万余が何十年でも生活できるだけのものは作りました。工場だってあったのですよ。

池部良　私のとこも初めはあったのですが、焼かれてしまって、後はひどいものでした。

大岡昇平　僕も捕まるまではひどかったが、収容所に入れられてからは、ものすごくよくてね、一日二千七百カロリーで丸々と太ってしまって、残飯をどこに捨てようか（笑）。こんな歌を作った兵隊がいたな。

アメリカの恵み尊し　かくばかり　肥りしことは　いまだあらなく（笑）。

入江相政　そうですか。それにひきかえて、陛下のお食事も当時ひどうございましたね。朝は茶褐色の雑穀パンで、昼がすいとん、そして夜が半搗米と麦をまぜたのを一膳くらい召し上がるだけでしたね。

志賀義雄　戦争中の監獄もひどかったですね。みんな餓死寸前というところでした。もっとも僕らの予防拘禁所では、徳田が実にいろいろなことを知っていて、豆類とか塩のうんときいた魚の買溜めを、所長にいってさせましてね、それで栄養失調になるものもなく終戦を迎えました。

徳川夢声　ほほう、えらいものですね。それにくらべると民間はひどかったですよ。それはもうニラとカボチャを懸命につくりましてね。ずいぶんカボチャにはご厄介になりましたな。

村上兵衛　東京では軍隊も駄目でしたよ。近衛師団なんか、栄養失調になりましてね。僕んとこなんか訓練もできないくらいフラフラでして……相撲をやると、僕が勝つんですからね。

大岡昇平　それで思うのだが、十五日の放送をきいて、くそっと思ったところは、大体においても食糧があったのじゃないだろうか。

会田雄次　くそっなんて、少くとも思ったものは僕のまわりにはなかったですね。幽霊に意地なんかありませんよ。

池部良　もともと兵隊には敵愾心なんかありませんものね。条件反射としてはありましょうけど。

岡部冬彦　ありませんでしたね。

村上兵衛　ただ眼の前で仲間がやられると、敵愾心が起る、とある友人がいってましたが。

会田雄次　それは起ります。僕も経験しました。

有馬頼義　空襲だってアメリカがやっている気がしない、天災みたいな気がしてね。

扇谷正造　兵隊に敵愾心など、いつの戦争でもないのではないですかね。

武装解除のみじめさ

富岡定俊　私は、是非おききしたいと思っていることがあるのです。それは武装解除ということなのです。沖縄戦以後、すべて特攻隊ということで、ずいぶん無理もした。そこへいきなり終戦でしょう。随分つらい目に会われたと思うのです。

松本俊一　それは是非おききしたいな。陸相、参謀総長、軍令部総長が最後まで固執しておられた三条件の一つですからね。

南部伸清　私の潜水艦イ401は日本が敗れたと知って、敵根拠地攻撃を中止して、ひとまず日本へ帰ることにしました。もちろん初めは信じませんでしたし、魚雷を二十発、飛行機（晴嵐）を三機、爆弾も八百キロ、大砲も十分、糧食もある。これでオメオメ日本へ帰れるか、海賊でも出来るんだ（笑）。激論が沸騰しましたが、とにかく帰ろうということになった。但し、絶対に敵に捕まってなるものか。ところが、あれは十七日でしたかね、軍人に対する勅語がでて、一切の戦闘行為を停止する命令がでたのは。作戦任務を解くという……。

富岡定俊　いや、あれは十九日だったと思います。たしか二十二日零時を期して、戦闘行為を停止せよ、という……。陛下からの命令でした。

南部伸清　そうですか。その日、私はヒゲを剃り落しましてね。これは悲しかった。そしてその二十二日、魚雷をぜんぶ太平洋の千尋の底にむけて発射した。武装解除されることなんかいさぎよしとしなかったのです。おそらく太平洋戦争で最後に射った魚雷ではなかったでしょうか。私は訓練どおりに発射用意、テッ、といいながら、涙があふれてくるのをどうしてもとめることができませんでした。

扇谷正造　まったく武装解除ってみじめなものでしたね。私は衡陽《こうよう》に向って反転中に終戦を迎えたのですが、十五日以降は、それまで夜間行軍だったが、昼の行軍になりましてね、武装した一個師団が堂々と行進するのです。このときは威勢がよかったですよ。まだ終戦も知りませんでしたしね。二十日ごろ衡陽についたら、前線の方からトラックにつまれて、荒縄でしばられた鉄砲が運ばれてくる。菊の御紋章が削られているじゃありませんか。そして敗戦を知った。くやしかったですね。私たちもそこで武装解除されて漢口までまた行軍でしょう、ひどく頼りなかったですね。そして夜になると、物資を徴発にいった二、三人が帰ってこない。殺されてしまうのです。
頼りなさをまぎらすために歌を歌った。それは戦争の末期に、シナ大陸を風靡していた歌なんです。レコードにもあるといいよみ人知らずともいう。ぜひ作者を知りたいな。この歌でずいぶん慰められたんですからね。

ああ草枕いくとせぞ
捨てる命は惜しまねど
まだつきざるか荒野原
駒の吐息が気にかかる

上山春平　私の潜水艦は、平戸沖で十四日にグラマンの機銃掃射をくいましてね、甲板上の「回天」は全基被弾してそれでやむなく修理のため佐世保に入ったとき終戦を迎えました。私は特攻隊員だったでしょう。だから、このときの気持をうまくいうことができないのです。嬉しかったといっても、口惜しいといってもウソになります。眩惑に似た感情の激突と沸騰があった。どんな感情がどのようにぶつかりあい、どのように煮えたぎったか、それをうまく説明できないのですが……。
ただ、その日の日記に「われに整備せる回天あらばの感、切なり」の文章があるだけで、

証言者　それぞれの昭和二十年 夏

上山春平　うえやましゅんぺい

【座談当時】四十二歳。京都大学人文研助教授。

大正十（一九二一）年、台湾生まれ。昭和四十三（一九六八）年から京都大学人文研教授に。現在、同大名誉教授。京都国立博物館館長も務めた。昭和三十六（一九六一）年に、戦中派世代として、戦後の「太平洋戦争観」を批判した「大東亜戦争の思想史的意義」を発表。健在。

もうひとつの特攻、人間魚雷「回天」の生き残りである。

台北高時代より仏教と西田哲学に傾倒し京都大学哲学科に進学。卒業は半年繰り上げとなったため、昭和十九年九月に卒業するとすぐ海軍に入隊した。

最初の出撃は二十年六月五日。目標は沖ノ鳥島北方だったが荒天による視界不良により中止して帰艦。つぎの出撃は八月八日だった。目標は前回と同じだったが、その日に参戦したソ連の、極東艦隊の行動に対処するために急遽日本海方面に進出することになった。

九州西岸を北上中、八月十四日の正午ころ、五島列島のあたりで浮上航行中に艦載機の奇襲攻撃をうけ、六名の死傷者を出し、回天全基が被弾浸水するという損傷を受けた。「当日夕刻、近くの佐世保軍港に入港し、翌八月十五日、工廠の潜水艦部で回天の修理工事の打ち合わせをして帰艦してみたら、『もう戦争はおわりましたよ』と衛兵伍長に告げられた。（略）まさかと思いながら『じゃあ、日本が勝ったのかい』というと、『とんでもありません』という。わたしは沸騰する思いをおさえながら士官室にいそいだ」（「和田稔著『わだつみのこえ消えることなく』解説」より）。

二十四歳の上山は、二度のアクシデントが重なったことによって辛うじて命を救われた。

死からの解放の喜びは捨てられています。

篠田英之介　私なんかもそうでした。死ぬことは、あの時は何でもなかった。十五日の日、江田島上空を戦闘機「月光」が旋回して伝単を落していったのです、それは「神州は不滅なり」とあり、これより沖縄へ突っこむ、とも書いてありましたね。本当に行ったのだと思います。また豆潜水艦も出撃していったということでした。桟橋の向う側で、手旗で「いまより出撃す」と信号を送り、しずしずと湾口を出ていった……。

上山春平　私は自分がそうだからよく知っていますが、特攻隊を志願した当時の若者たちは狂信者でも英雄でも何でもなかった。しごく当り前の青年でした。彼らが異常にみえるのは、時代が異常だったからにすぎない。

村上兵衛　僕の友だちもずいぶん特攻隊で死んだのがいます。その一人で上山さんのように生き残った友人に聞いたのですが、明日出撃の命令を本部からもらって宿舎へ帰るとき、本当に何も考えていない状態だったといいますね。そのときがいちばん辛いというか、ハッと気がついたら、二年くらい先輩の大尉が「おい大きな顔をするな」。敬礼を忘れていたのですね。そのとき本当に腹が立ったそうです。思わず刀の鯉口を切って、明日死ぬなら、こいつを叩っ切ってと思ったそうです。……その男は言ってましたね、戦後十何年に

証言者 それぞれの昭和二十年 夏

村上兵衛 むらかみひょうえ

【座談当時】三十九歳。評論家。大正十二（一九二三）年、島根県生まれ。陸軍士官学校卒業後、近衛歩兵連隊へ。昭和二十五（一九五〇）年に東大独文科を卒業する。昭和三十一年に『中央公論』に発表した「戦中派はこう考える」と「天皇の戦争責任」で論壇へデビューした。平成十五（二〇〇三）年、七十九歳で死去。

二十一歳の村上陸軍中尉は、その夏、栄《は》えある近衛師団連隊旗手の任を解かれ、陸軍士官学校教官になっていた。終戦間際ともなると、士官学校の生徒たちは、本土が戦場となったときは天皇の御座所となる長野県松代の大本営を守備する要員として用いられる公算がたかかったという。

八月十五日は野営訓練のために、陸軍士官学校に入校してきた歩兵生徒を引率し、村上は北軽井沢の鬼押出しのあたりにひろがる演習場にいた。早朝から射撃訓練をつづけていたが、十一時ごろ、本部から騎馬伝令が飛んできた。ただちに演習を中止して全員厩舎に帰還すべしという命令をうけ、村上らは駆け足でもどり、整列に加わり玉音放送を聞いた。

「『戦争は終わった……』それは、自分の命が救われたということと、同義語であった。私の胸を吹き抜けていったのは、あきらかに死の恐怖からの解放であった。私の目には、おのずから高原の空がひろがった」（『桜と剣』より）。

村上は翌日、演習隊長代理の中佐に部隊の東京引き揚げを提案したが受け入れられず単身東京に向かうことを決意。夕刻、厩から乗馬を引き出して一目散に沓掛の駅に向かって走った。夜十一時過ぎ、村上は高崎行きの終電車のデッキの隅にいた。

なるが、あれ以後怒ったことがない。

江上波夫　怒りをいっぺんに使いはたしたのでしょうね、そのとき。

上山春平　あの時期に生命を賭する覚悟は誰しもできていたのではないかと思います。あとは死に方の問題です。その選択に当って、特攻を選ぶということは、自分の死を最高度に意義あらしめたい、という若者らしい自負の自然の発露であったとさえいえるのではないか、と思うのです。

バカげたことに命を賭けたものだとあざ笑う人は今も絶えないでしょう。ある視点からみれば、愚行にみえるかも知れません。しかし、人類は愚行をくりかえしながら、今日の文化をきずき上げてきたのではないでしょうか。

有馬頼義　そうやって僕らの仲間なんか、みんな死んでいった。生き残った僕らがこれからどう考えて、どう生きていったらいいか。これは僕たち世代の大問題なのです。

篠田英之介　戦争が終って故郷《くに》へ帰るとき、広島を通ったのですが、なんにもないのです。貨物列車に乗ってずっと見ると、町の中はなんでも真っ黒なんです。市電が黒こげになって、その中に林みたいに黒いものが立っている。あれは何だときいたら、人間だというのです。それは凄惨なものでした。

酒巻和男　いつごろでしたか。

篠田英之介　九月の中旬ごろだったと思います。

「降伏」はいやだ

佐藤尚武　そこで思うのですよ。戦争がああいうふうな終末を告げる前に、なにかもっといい方法はなかったのか。なるほど陸軍の勢力が強くて出来なかったかも知れない。しかし、終戦のための方途が全くなかったか、といえばあったと思いますね。

吉田茂　私が折をみては近衛文麿公たちと話していたのも、その方途をみつけるためでした。近衛公が明日陛下に拝謁するという日に訪ねてこられましてね。夜遅くまで語りあい上奏文を考え合ったのです。それはアメリカと一日も早く講和する以外に途はない、陸軍をおさえるために、陛下の御英断が必要のことを申上げたということでした。これは生命がけのことでしたよ。前々から憲兵に睨まれていましたから、それですぐに捕まったわけでしたがね。

富岡定俊　率直にいいまして、私なんかも、ちょっと遅い加減だけれども、まあいちばんいい時期に終戦になった、と判断しておりますが。

佐藤尚武　私はね、世論の力がもっと強かったら和平は早くできたと思うのです。

吉武信　私も同感です。ハタでみていて、実にじれったかった。そしてもっと早い時期に講和すべきだったと思いました。

今村均　しかし、降伏というのは、なかなかできないことですよ。日本の歴史にないことでしたからね。

江上波夫　ドイツみたいに負けることに馴れていると、負けた直後から次のことを考えられたらしいが、日本にはそれができなかった。ただぼんやりして、悲観もしなかった。虚脱状態で、毎日生きてゆくより仕方がないということで……。

南部伸清　私なんか日本の近海へ来て、八月三十一日にアメリカの潜水艦につかまって、その信号ではじめてsurrender（降伏）という言葉を覚えましたもの（笑）。しかし、そのときは、降伏とは思いたくなかった。それで字引きをひきますと〝引渡す〟ということがある。これだ、これだ、というので、こっちは、「引渡すことはできん」。向うは「降伏しろ」。同じ単語を使って洋上ですったもんだしたものでした。

その夜、同乗していた有泉司令が、自室で自決されました。私にはその予感があったのです。というより、私が死ぬつもりでおりました。だから……いや、それほど降伏ということを屈辱と考えておりました。

吉武信　戦後は、妙に軍部ばかり責めるのですね。だが、悪かったのは陸海軍だけであったろうか。終戦の年の秋に、国会が開かれましてね。時の陸軍大臣の下村定（参議院議員）大将が、壇上から両手をついて謝られたんです。米内海軍大臣は黙って両腕を組んでおられました。議員たちが、戦争責任だといって足を踏みならす、机を叩く、そんな風でしたよ。それをみていて同情したな。戦争に協力した人間が、なんであァガァいうのか。米内さんや阿南さんの努力は大変なものでしたもの。それこそ何日も何日も寝ずに頑張っていた。毅然として日本を終戦まで導いていった。ただ、それがもっと早く、せめて沖縄以前にできなかったか、その無念さは残りますけれども。

悲惨だった沖縄

徳川夢声　沖縄の話が出たついでに、せっかくお出で頂いたのですから、楠さんのお話をお伺いしましょうよ。いわば、たった一つの日本の本土決戦でしたからね。楠さんは沖縄戦の当時おいくつでしたか。

楠政子（沖縄白梅部隊看護婦）　十八歳でした。沖縄県立第二高女の四年生でしたから。

村上兵衛　第一高女がひめゆり部隊でしたね。

楠政子　はい、私どもは白梅部隊といわれまして沖縄にアメリカ軍が上陸してくる前に動員されまして、看護婦としての訓練を受けていたのです。四月一日に上陸がはじまりまして、後方の野戦病院みたいなところで、病気の兵隊さんを看護しておりましたのですけれど、一週間ぐらいたったら、負傷した兵隊さんがどんどん送られてきました。

岡部冬彦　場所はどの辺におられたのですか。

楠政子　私たちは島尻《しまじり》の東風平《こちんだ》村（現八重瀬町）というところで那覇《なは》と摩文仁《まぶに》の中間になります。はじめは夢中でしたから、負傷した兵隊さんをみても別にこわいとは思いませんでしたが、だんだん砲声が近づいてくると、重傷の人が運ばれてくるのです。そうすると、だんだんこわくなって。そのうちに後方へ下る命令がくるのです。私たちは兵隊さんを担架にのせて逃げるのです。

ですけれど、アメリカ軍の進む方が早くなって、逃げるのに間に合わなくなると、重傷の兵隊さんには青酸カリを一包みずつお渡しして、後において逃げるのです。悲しくて悲しくて、泣き泣き逃げてゆきました。

会田雄次　青酸カリなんかが容易に手に入ったのですか。

証言者　それぞれの昭和二十年 夏

楠　政子　くすのきまさこ

【座談当時】三十五歳。沖縄在住の主婦。

　昭和三（一九二八）年、沖縄県生まれ。旧姓は崎間。沖縄県立第二高等女学校在学中に動員され、野戦病院看護婦として第二十四師団に編入された。戦後に書いた「沖縄戦従軍記」は『昭和戦争文学全集11 戦時下のハイティーン』に収録された。健在。

　沖縄戦といえばかならず第一高女「ひめゆり部隊」の悲劇が語られる。けれど第二高女「白梅部隊」の存在を知るひとは少ない。

　楠が動員されたのは四年生、十六歳のときだった。二十年三月半ば頃、楠らは東風平国民学校に設けられた野戦病院で、看護についての厳しいにわか教練を受ける。その合宿が終了すると前線の野戦病院に向けて出発。到着してすぐに各病棟（山の中腹をくりぬいた壕）に配置された。日を追うごとに前線から後送される負傷兵が激増。空襲も激しさを増し、すぐに昼間の野外活動は不可能になった。赤痢が発生し、罹患して倒れる学徒も増えた頃、一部の生徒にさらなる前線の野戦病院への出動命令が下った。そのメンバーに楠も含まれていた。壕内での凄惨な光景を、楠は手記「沖縄戦従軍記」に記している。

「負傷者のうめき声、『こら！　看護婦、俺は一週間も包帯交換をしてないぞ。お前たちはなにをしているのだ』と怒鳴りちらす将校患者。（略）汗いきれと膿汁の悪臭のなかを、看護婦は睡眠ぶそくと衰弱しきったからだに精神だけはしゃんとしてかけずりまわっていた」。五月下旬、ついに解散命令が出された。

　座談会では、その後、終戦までの間に彼女の身に起きたことがくわしく語られた。

楠政子　ええ、もらうつもりなら、すぐにでももらえました……。それで五月中旬をすぎると、もうどうにもならなくなって、私たちに解散命令が出たのです。解散といってもどうしようもありません。

　しかたがないので、私は友だちと二人で軍とわかれて、あっちこっちとさまよい歩いたのです。軍についていったお友だちはほとんど全員が死んでしまいました。もう弾丸なんかこわくありませんでしたが、夜になると、さすがに淋しくて二人で抱き合って、泣いてばかりいました。

徳川夢声　お父さん、お母さんとは別れたっきりなんですか。

楠政子　はい。生きているのかどうかもわかりませんでした。……とうとう島の端まできて海をみると、アメリカの船がいるのです。逃げようがなくて、二人で相談して、来た道を引っかえして北の国頭《くにがみ》の方へ抜けよう、ということになって、四、五人の兵隊さんの後をついて戻っていったら、途中でアメリカ軍に見つかっちゃったわけなんです。ちょうど手榴弾をもっていましたから、死んでしまいましょうと思って、手にもっていろいろやったのですが、操作がわからなくなってしまいまして……。

池部良　いや、いや、忘れていてよかった。

楠政子　どこかに生きたいという気があったのかも知れません。すぐにアメリカ兵にとりあげられて、私たちは泣き泣きむしゃぶりついていったのです。

そのとき、どこかへ隠れたと思った日本の兵隊さんが四、五人、日本刀をもって飛び出してきたのです。けれど、私たちのみている前で、ピストルで次々に撃たれてしまいました。私たちを助けようと思ってきたのでしょうが、私はその様子をぼんやり見ていたようでした。

それから、アメリカ軍の収容所に連れてゆかれたら、そこに日本の憲兵隊長という人がいて「君たち、もう沖縄の戦争は終ったから安心しなよ」と、あっさりした顔で笑っていうのです。私たちのため死んだ五人の兵隊さんのことを考えたら、口惜しくて口惜しくて、その憲兵隊長を殺してやりたいと思ったくらいでした。

篠田英之介　憎らしかったでしょうね。

楠政子　それから戦争が終るまで、私たちは従軍看護婦だともらしたために、捕虜病院につれてゆかれて、そこで日本の捕虜の負傷兵の看護に当っていました。鉄条網のはってある中にいるのです。外を民間の日本人が歩いていても声をかけることもできないのです。捕虜扱いで、ハワイかどこかへ連れてゆかれるんだという噂がありました。

ですから、十五日に陛下の御放送のあることなんかぜんぜんわかりませんでした。ただ、ある日、妙にアメリカ兵が大騒ぎしているので、なんでしょうかときいたら、知らないのかというような顔をして、

「ヒロヒト、ヒーッ」

といって首を切る真似をしているのですね。ああ、戦争に敗けたんだなと思ったら急に悲しくなってきて、死んだいろいろな人が想い出されてきて、思わず声をあげて泣いてしまいました。そのときまで、きっと日本が勝つと信じていたのですから。

扇谷正造　でも、あなたは泣けるだけよかったですよ。僕らがまず感じたのは一種の空白感だけでしたね。

館野守男　沖縄の話というのをきくと、本土決戦でも同じことが行われたろうと考えられて、空恐ろしくなりますね。

吉田茂　もう終戦前後のころのことなんか想い出すのもいやですね。四十日余の監獄生活でひどい瘍《よう》が出来て、大磯でずっと寝ていたのですよ。終戦の放送をうかがったのも大磯です。「三国志」に、范増《はんぞう》が進言をいれられず憤りがこりかたまって「疽《そ》、背に発して死す」ということがありますね。そんなもんだったろうというんですがね。

外交官として、戦争をなんとか回避しようと働いたのだが、起ってしまえば外交もクソもない。しかし、一日も早く戦争をやめればそれだけ、人の命の助かることはたしかですからね。いつも和平のきっかけをねらっていました。

われら何をなすべきか

今村均　さきほど、江上さんが負けたあとどうなるか考えられなかったといわれましたけれど、私は必ず復興すると信じていました。そのことで、ちょっとも自暴自棄的ではなかったですね。なぜなら、ラバウルで自給自足の戦いをつづけていて、日本人というのがどんなに優秀かということを身をもって知っておりましたからね。

扇谷正造　そうですか、僕らなんか、虚脱状態がすぎて考えたことは、何とか日本へ帰りたいということでした。衡陽から岳陽にいって、それから漢口、南京、さらに徐州にいって、山海関から釜山にゆく、そこから日本へ……とにかく来年の夏ごろには釜山まで歩いてゆけるだろう、だからそれまでは体を大事にしておかなければならない、と本気で考えていましたよ（笑）。

会田雄次　日本へ帰りたい、それは切ない兵隊の気持でした。だから、負けたとわかったとき、あわてて電報で送られてきたポツダム宣言の訳文をみた兵隊がいましたね。そして条項の中に、兵隊は本国へ戻すというのを発見して、心からホッとしたという。

岡部冬彦　あの中にそんなことが書かれてあったのですか。

松本俊一　ええ、ありました。第九項だったかに軍隊は武装解除された後に各自の家庭に帰す、とハッキリ書かれてあったと記憶しています。

迫水久常　もっとも、当時、新聞発表をするときは、宣言を抜萃した形で発表しましたからたしか日本の新聞ではそのままの形で発表されたかどうか。

徳川夢声　まだ戦意を沮喪《そそう》してはいかん時ですから、家へ帰してやるぞ、なんて発表するわけにはゆかなかったでしょうね。

扇谷正造　さっきもいったように、僕は行軍中だったから終戦をはっきり知らなかった。そんなとき軍公路で中国軍と出会ったことがありました。こっちはまだ完全軍装をしていたので、向うさんもあまり挑発的なことはしなくて、シイサン、シイサンといって、鉄砲の引金を引くまねをして、これやるなよと手を横にふるのです。そして、これからは……ということで、女を抱くような格好をするのです。それが非常に実感がありまして、そのときはじめて女の匂いが体中にわいてきました。それまでは女なんていうものは夢にも考えたことはなかったのですけれどもね。それから急に家が恋しくなったな（笑）。

南部伸清　そのお話、なかなか実感があります。よくわかりますね（笑）。

村上兵衛　私は士官学校の教官をして、北軽井沢にいたのですが、十五日の夜になっても、生徒たちは最後まで戦うといって頑張るのです。ずいぶん論争しましたが、どうしても納得しないのですね。それで一体中央はどう考えているのかと、東京へ出ましていろいろと人に会って、やっぱり戦争は終りだとわかって三日後に帰ったら、驚きましたね。いきりたっていた連中が嘻々として帰り仕度をしているじゃありませんか、靴が小さいから大きいのを欲しいなんていって。私は怒りましたよ。あんなに怒ったことはない。

扇谷正造　とにかく、こんどの戦争ではいい男がみんな死んで、くだらないのばかりが残った（笑）。それが結論のようですね。

上山春平　最大の愚行から最大の教訓を学びとること、これが生き残った特攻の世代に背負わされた課題なのかも知れません。

有馬頼義　同感です。とにかく終戦によって何万、何十万の人間の生命が救われたことは事実です。それが僕だったかも知れない。そう考えれば生き残ったわれわれが何をなすべきか。一人々々が真剣に考えるべき問題であることはたしかなのです。

半藤一利　長時間本当に有難うございました。

——昭和三十八（一九六三）年六月二十日、東京「なだ万」にて

構成・半藤一利

対談

四十四年後の解説

松本健一
半藤一利

この座談会がいかに貴重な証言集であるか——。
日本近代精神史を専門とする松本健一氏を迎えて行なった対談のなかに、
その解答を見つけることができる。

松本健一

一九四六年群馬県生まれ。東京大学経済学部卒業。麗澤大学教授、評論家。著書に『大川周明』『竹内好論』『日本の失敗——「第二の開国」と「大東亜戦争」』『評伝 斎藤隆夫——孤高のパトリオット』(岩波現代文庫)『評伝 北一輝』(全5巻、岩波書店)『近代アジア精神史の試み』(中央公論社)ほか多数。『評伝 北一輝』で二〇〇五年の司馬遼太郎賞、毎日出版文化賞を受賞。

戦後という階段の踊り場で

——この大座談会「日本のいちばん長い夏」が催されたのは昭和三十八（一九六三）年の六月でした。この年、三月に吉展ちゃん誘拐殺人事件が起き、七月に日本初の高速道路、名神高速道路が開通し、十二月に戦後日本のヒーローだった力道山の刺殺事件が起きています。また、この年は六〇年安保の三年後で、東京オリンピックの前年です。

独立から丸十年を経て、この国が〝終戦後〟から脱して新しい高みに上ろうとする途中の、踊り場あたりに位置する年といっていいかもしれません。

さて、三十人の終戦の生き証人を集めての大座談会なのですが、いま存命しておられるのは、南部伸清さん、上山春平さん、池部良さん、楠政子さんの四方で、あとの方はすべて亡くなられています。吉田茂元首相と町村金五元警視総監（当時北海道知事）のふたりは誌上参加ということですが、それにしても、二十八人もの大人数が、はたして一堂に会したのでしょうか。

半藤　ええ、そうなんです。一堂に会しました。午後三時ごろから、五時間ぐらいやったと思います。

松本　ほう、五時間ですか。二十四時間ぐらいかけてやった内容ですね。

半藤　「なだ万」という料亭の大広間にダーッと四角に並んでいただきまして、司会者の私が大広間の真ん中に坐った。お話はいちおう順番制のようにして、発言者以外の方々にはその間食べてもらっている（笑）。みなさん喜んで食べながら聞いておられました。その頃はまだ、それほどうまいものがない時代でしたから。

記事は「文藝春秋」昭和三十八年八月号に掲載したのですが、企画としては、ポツダム宣言が公布されたあたりから終戦までのあいだにいったいなにが起きたのか——とにかくそのときの当事者を全員集めて話を聞こうというもくろみでした。そりゃもう無茶苦茶に大変な大仕事でしたが、いまはやっておいてよかったと思っています。

松本　たしかに貴重な証言集ですものね。しかも出席者も網羅的に集めておられますね。軍部や政府の中枢にいた人と、外地で戦争に携わっていた人と、獄中にいた人と、庶民と。意外に学者があまり出ていない。当時、文部省の研究員だった江上波夫さんと特攻隊員だった上山春平さんが出ておられますが、たとえば国際法とか、あるいは政治思想の学者とか歴史研究の学者とか、そういった学者がいない。そのあたりの人選が面白いなあと思いました。

ほとんどの学者が戦前戦後を通じてイデオロギー的に洗脳されますでしょう。戦争中は皇国史観のイデオロギーに、戦後はマルクス主義か近代主義に染まりました。近代主義者とは、いわばアメリカの占領政策是認派のことですが。

半藤　言われてみるとたしかにそうですね。このメンバーを見ると、本当に私の趣味で集めておりますね（笑）。それに何よりも「文藝春秋」が得意芸としている現場主義で。

『日本のいちばん長い日』は副産物

半藤　この座談会をやって、荒尾興功さん（当時陸軍省軍事課長）とか鈴木一さん（鈴木貫太郎首相の長男・終戦当時首相秘書官）とか、あるいは迫水久常さん（当時内閣書記官長）といった、ヘッド・クウォーターにいた当事者たちと顔見知りになれました。じつはそのおかげで、翌々年に『日本のいちばん長い日』という本を私は書く気になるのです。

松本　なるほど、この座談があって、あの半藤さんの本が生まれたのですか。

半藤　この座談をやっていないと思いつかなかったでしょうね。みなさん非常に興味深い話を、驚くべき話を持っているということがよくわかった。しかもそれをしゃべってくれるということもわかった。これはいまのうちに残しておかないといけないと思ったわけです。

出席者にとっても、初めて聞くような話ばかりだったようで、みなさん本気になって聞いておられましたね。戦争に負けてからこのときまでに、終戦に関する記事はいろいろ出ていましたが、網羅的にやったものはまだ一回もなかったから、発言のたびに「ほう」なんて声があがりました。日本共産党の志賀義雄さんがけっこうのんきな監獄暮らしをしていたというのも、それこそ、へえー、というような話でして（笑）。そういう意味ではこの座談会、当時ちょっとした話題にはなりました。

迫水発言の衝撃

松本　座談は迫水久常さんの発言から始まりますね。ポツダム宣言を七月二十七日早朝のサンフランシスコ放送で聴いて知り、それに政府上層部でどんな検討が加えられたか――。ああいう話は日本全国の中で本当に三、四人しか知らないような話ですね。

　迫水久常さんというひとは、昭和十一年の二・二六事件あたりからずっと中枢にいました。彼は鈴木貫太郎内閣の書記官長ですが、二・二六事件のときの首相、岡田啓介の娘婿ですね。大本営陸軍参謀、関東軍参謀を歴任した瀬島龍三さんも迫水さんの親戚です。

半藤　瀬島さんとは二・二六事件で岡田首相に間違われて殺された松尾伝蔵さんを通じての縁戚関係ですね。退役陸軍大佐で岡田首相の秘書をしていた松尾伝蔵さんは、岡田首相の妹と結婚していますが、その松尾伝蔵の長女と結婚したのが瀬島龍三さんです。

松本　そうなのですね。岡田啓介の息子の岡田貞寛氏が書いた『父と私の二・二六事件』に掲載されている系図を見て驚きました。海軍の中枢とか、あるいは政治の中枢に、迫水の縁戚がずらりと揃っている。

　その人物が、ポツダム宣言などというものが出てくるということを「ぜんぜん予期していませんでした。いわば寝耳に水」だったということから座談が始まっている。いっぽうこの発言を受けて松本俊一元外務次官は、外務省のほうは当然そういうものが出てくるだろうと予測していたと言っています。冒頭からとにかくショッキングでした。

半藤　ベルリン郊外のポツダムに米英ソの巨頭が集まっているのは迫水さんも当然知っているはずですし、ドイツはもう降伏していましたから、その場では日本についての話し合いがもたれるだろうと考えるのが理の当然です。

松本　そこでチャーチルなどによって話し合われていることが、自分たちの運命に関わるという感覚があまりなかったのでしょうか。じつに面妖な話です。

ところで、私は去年、初めてポツダムに行ってきました。ベルリンから鉄道で、一時間ぐらいで行けるのですね。会議がもたれた館はもともとプロシアの皇太子妃殿下、ツェツィリエンホーフという美女の居城でした。いまもかつてのままに、プロシアの時代の伝統を残す二階建て四翼の瀟洒な建物で、一般客が宿泊できるようになっています。家族にすると十家族ぐらいが泊まれるくらいの大きさでしょうか。

半藤　私も行ったことがあります。私が行ったのはちょうど『昭和天皇独白録』が「文藝春秋」に発表された一九九〇年でした。雑誌が出た瞬間に大騒ぎになるのはわかっていましたから、「注」を書いたものとして面倒くさいから逃げ出した、というわけではないのですが、まあ、その直前に日本を離れてベルリンに向かった。いざベルリンに着いてみると、なんとその前日に東西ドイツが合併していましてね。

松本　ほう。面白いタイミングですねえ。

半藤　東ベルリンのテンペルホーフ飛行場では、ロシア語の看板を下ろして英語の看板につけ替えていましたよ。ツェツィリエンホーフへ行ったのがその二、三日後なのですが、行ってみると三巨頭が会談をした部屋が真っ黒こげに焼け落ちていました。放火だったそうです。火をかけられたのがその年の七月二十六日、つまりポツダム宣言が発せられた日だったと聞きまして、放火犯は、昭和史を知っている日本人じゃないかと。「半藤、お前がやったのか」などと、連れの口の悪い者が言っておりました（笑）。

ホテルで食事をしようと食堂に行ってみると、ポツダム会談のときに食べたスターリンの食事とトルーマンの食事とチャーチルの食事とアトリー（注・会議途中でチャーチルと交替した英国後継首相）の食事の四つが用意してあるという。それじゃあ、俺はスターリンだ、というわけで。

松本　今でもその食事は食べられるわけですが、半藤さんはスターリンを食っちゃったわけですね（笑）。

ポツダム会議を注視してはいたものの

松本　さて、六十二年前の七月二十六日。そこに米・ソ・英の三首脳が集まった。発せられたポツダム宣言には、ソ連が関与しているかが関心事で、それが第一の議論だったと迫水さんが言っています。

半藤　言っていますね。その年の六月の下旬から、日本政府は戦争終結の仲介をしてもらうべく、対ソ交渉を正式に始めていました。マリク駐日ソ連大使に、外相と首相を経験したことのある広田弘毅が面会して仲介を申し入れていますが、そのときのマリク大使の言い分は、スターリンもモロトフもポツダム会談に向かうために忙しいので取り次ぐことができない、というすげないものでした。いっぽう佐藤尚武駐ソ大使も、首脳はポツダム行きで忙しいから無理だ、と東京にむけてさかんに電報をよこしていました。

七月十日すぎには、スターリンは飛行機嫌いということで、汽車でポツダムに向かっています。列車は十一輛編成で、うち四輛は博物館からひっぱりだした帝政時代のロシア皇帝の御召列車でした。ですから何日も前にモスクワを出ざるをえない。これは、うるさく言ってくる日本を避けるための工作ではなかったか、とも思いたくなる。

松本　首脳と連絡のつかないソ連と和平交渉をするというのは、いかにもトンチンカンな話なのですが、ただ、和平交渉をするということは天皇に上奏していますからね。六月九日に木戸幸一内大臣が、時局収拾対策試案として「天皇の親書を奉じた特使をソ連に派遣して名誉ある講和を結ぶ」と提案し、天皇は即座に承認しています。木戸はそれを受けて最高戦争指導会議のメンバーに個別に会って和平推進を認めさせ、六月十八日には公式にその方針が決定している。だから、建前上でも外務省は交渉を続けざるを得なかったのでしょう。そして近衛文麿さんが登場してくるわけですね。

半藤　ええ。ついにマリク大使を通じての交渉には見きりをつけざるを得ないと判断した東郷茂徳外相は、モスクワへ天皇の特使を派遣しその場で直接交渉するしかないと鈴木首相に訴える。そして特使には近衛がいい、ということになるわけですね。近衛特使決定は七月十二日です。なんとかポツダム会議の前に和平協定に達したいと焦っていた東郷外相は、対ソ外交の進展にすべての夢をかけたわけです。けれど陸軍は終戦には反対していますからね。そうなったら近衛暗殺の危険もある、というような話ですから、たいへんな危険を覚悟で、まあ、必死でやってはいるのです。

もっとも、その直後からモスクワの佐藤大使がたびたび近衛特使の受け入れを頼んだのですが、ソ連側は、特使がもってくる具体的提議がなんであるかわからないことには受け入れられないと突っぱねて、特使派遣構想は結局水泡に帰すわけですが。

松本　そうですね。泡と消えたこの和平交渉特使派遣計画については随員までほぼ決めていました。人選をめぐる話はこの座談会では出てきませんが、半藤さんの『日本のいちばん長い日』には、松本俊一外務次官はじめ、同盟通信の松本重治まで連れていく予定だったことが書かれていますね。そういう人選までしているから、外務省とすればいちおう交渉は続けざるを得ない。しかし、実際にこれが成り立つのか、ポツダム次第で情勢はわからない。ですから、ポツダムで何が決まるのかということはずっと注視していたということになりますね。

半藤 ええ、注視はしておりました。けれど鈴木内閣そのものは、ポツダム会議がまさか降伏条件なんていうものを突きつけてくるとは思ってなかったのです。

松本 そのようですね。「欧州情勢は複雑怪奇」(注・独ソ不可侵条約が昭和十四年八月に締結されたのを受け、平沼騏一郎首相はドイツ政府の日独防共協定違反行為に対する責任を取り「欧州情勢は複雑怪奇」と声明して内閣は総辞職した) といったあたりから国際感覚がなくなってきたのでしょうか。

半藤 いや、昭和八年の国際連盟脱退からずっと続いてきた国際感覚の欠如じゃないでしょうか。文藝春秋の、当時専務だった池島信平という歴史好きな人が、この座談会の原稿を読んで、「鈴木貫太郎内閣というのは見事な内閣だと思うが、しかしなぜソ連を仲介としての和平なんてことを考えたのかねえ、これだけは許せない」と言って怒っていました (笑)。

松本 見事といえば、『機関銃下の首相官邸』(昭和三十九年刊) といった見事な回想録を書いている迫水さん、あれだけ頭がよくてものわかっているひとが、なぜ国際情勢の風雲急を告げる動きを感知できなかったのか、やはり不思議です。

ポツダム宣言「黙殺」秘話

松本　ついに七月二十七日朝（日本時間）、ポツダム宣言が発表されたときに、それをどのように記者発表することにしたかというくだりも面白いですね。最高戦争指導会議では、ソ連に仲裁を申し込んでいるのだから、返事はソ連がなにか言ってきてからにしよう、と決定する。ところが陸軍の第一線のあたりから「政府は意思表示をせよ」とやいのやいの言ってきて、やむなく新聞記者の質問に答える格好にしてお茶を濁そうとしたことがわかります。そして政府の「黙殺」を同盟通信社が「ignore（無視する）」と訳して海外へ流し、同盟電報を受信したアメリカのＡＰ通信社とイギリスのロイター通信社が「reject（拒絶する）」と言い換えて新聞に報道されてしまった。

半藤　ただ、「黙殺」は、その後調べてみると、記者会見での鈴木首相の発言よりも新聞報道のほうが先なんです。

松本　読売報知、朝日、毎日と、三紙とも「政府は黙殺」、「帝国は断固戦う」などと二十八日に書いていますね。

半藤　そっちが先です。それで、鈴木内閣が何も言わないのはおかしいじゃないかと、陸軍のみならず、新聞も突き上げたんですよ。鈴木さんは会見などやらなくてもいいと言っていたのだけど、突き上げられてしょうがなくその二十八日の午後四時に記者会見してしまったようです。

松本　会見で鈴木首相は、最初は「重要視しない」と、こう言った。ところがそれを繰り返すうちに、「黙殺」という言葉が出てきたのでしょう。

半藤　そういうことなのでしょうね。だけど、ことによると鈴木貫太郎さんは、新聞の「黙殺」が頭にあって、ちょっと拝借したのではないか、という気がしないでもない。

松本　東郷外相は、ポツダム宣言の仮翻訳を七月二十七日の朝、昭和天皇に提出しますね。こういうものが来ました、と。私は、昭和天皇の政治感覚というのはすごいと思うのですが、その報告を聞いて「これで戦争をやめる見通しがついたわけだね」と答えています。また、「原則として受諾するよりほかはあるまい」と。昭和天皇は、戦争を終わらせるためのこちらからの条件を言いだせるタイミングがきたということを、その瞬間に察知したのではないでしょうか。

半藤　昭和天皇というのは、どうもほかのリーダーたちよりも目配りがいい。

松本　そうなんです。戦争を始めるときでも、東條英機に、国際法を守るという条項を入れろと前の日まで言い続けている。十二月の七日まで言い続けるわけです。それからアメリカへの通達は遅れるな、と。

半藤　国際法にも詳しかったのです。

松本　駐ソ大使だった佐藤尚武さんが、ポツダム宣言を黙殺するという文言が外国で報道されてしまったがために、「米国が原爆を使用し、ソ連が参戦することになった」というふうに発言しています。それまでは、硫黄島の戦いが長引き沖縄戦が三カ月にも及んだから、このまま本土上陸すれば百万人単位の犠牲者が出るだろうという予測があったために、つまりアメリカは戦争を早期終結させるために原爆を落としたのだという捉えかたが通説でしたね。

半藤　そうだと思います。ただ、それはあくまでもアメリカの屁理屈なのです。いまになるとわかるのですが、当時はそういう「本土決戦をやったら百万人の死傷者がでた。日本人はそれ以上の犠牲者が」という認識が一般的でしたね。残念ながら私もこの当時はそういう歴史認識でした。けれど事実は違いました。原爆は、少なくともポツダム宣言の前の七月二十五日には投下命令が出されています。それからソ連はもっと前に参戦を決めています。

対ソ仲介交渉の不可思議

松本　ソ連は、ポツダム会議からはるか五カ月前、二月のヤルタ会議に参加してチャーチル、ルーズベルトと会談しており、四月になると日ソ中立条約を破棄すると言ってきた。そのときに、ソ連に和平工作を頼むなんていうのはもはや実現性がないと気づくべきですね。ところが、破棄されても日本では、一年間の有効期限がある、更新しなくても大したことではない、みたいな感覚でいる。むしろそのとき、ソ連の日本侵攻は既定路線になったことを、少なくともそういう意図があることを見抜かなきゃいけない。そういう戦略的な感覚がない。そういう感覚をもったひとがいない。

半藤　ええ。両方重ねれば、ソ連は何かおかしなことをやっているぞと気づきそうなものですが。

松本　私は長年、北一輝の研究をやってきましたが、昭和十二年に銃殺刑になる北一輝は、日米戦争だけは起こしてはいけないと言っておりました。日米戦争が始まったその日にイギリスはアメリカ側につくだろう。日中戦争が続いているわけだから、当然中国もアメリカ側につくだろう。そしてその翌日には必ずソ連が参戦してくる、と。北一輝は戦略的意味合いで「翌日には」と書いていますが、実際にはすこし遅れました。しかし時間的な違いはあれ、ソ連もアメリカ側に立って参戦してくるだろうという見通しを、北は昭和七年と昭和十年の建白書に書いているわけですね。この戦略的感覚がなくなってしまうというのはいったい何だろう。昭和天皇だけは別ですが……。

半藤　いったい何でしょうね。私が尊敬する鈴木貫太郎さんでさえ、はじめはソ連仲介に反対していたのに、説得されて「スターリンは考えてみれば西郷隆盛のような人かもしらん」などと言っている。ソ連は日本のために力になってくれるに違いないというふうに、貫太郎さんでさえ思ってしまうのですね。松本さん、何なのでしょう、日本人のこのソ連観というものは。

松本　アメリカは建国百年ちょっとの歴史しかない野蛮な国であるけれども、ロシアのほうは礼儀を守ってくれる国であるという感覚があったかもしれません。たとえば幕末に、ロシアのほうはプチャーチンが長崎に来る。国際法的にいうと日本では、外国との面接は長崎でするということになっているわけです。ですからロシアはその通りに、長崎で開国を要求する。ところがアメリカのほうは、そんなもの守る必要などない、とばかりに浦賀に来て、ついには江戸の表玄関、品川まで来てしまう。

半藤　そのへんから信頼が始まっていますか。

松本　おそらく。安政の大獄で斬首された橋本左内は、幕末の時点で、日露で同盟を組めばいいと言っています。アメリカよりもロシアのほうが信頼できるという感覚があったのでしょうね。

半藤　たしかに、日露戦争の前に伊藤博文もロシアと戦争することなどないと言っていました。ロシアとは協商ができるのだからと。

松本　ちなみに日露戦争のときの、日本陸軍とロシア陸軍の会話は全部フランス語でした。ヨーロッパ宮廷の言葉を日露両国がいわば公用語としていた。そして戦いのさなかでも「今日は休戦日にして死者を回収し、野戦病院に病人を運ぶ日にしよう」などと取り決めて、それが午前中に終わってしまうと、午後からは双方からワインやビール、日本酒を出してきて、乾杯しているわけですよ。ロシアに対して悪い感情を持たないという時代は長いのですね。

なおかつ日露戦争のときには、もうこれ以上日本は戦えないというタイミングでアメリカが仲介してくれて、友好的にポーツマス条約を結ぶことができたから、その役を今度はロシア＝ソ連がやってくれるに違いない、というような思い込みが日露戦争を体験してきた鈴木貫太郎をはじめとするひとたちにはあったのでしょう。

半藤　なるほど軍部も政府も、上層部のひとたちには日露戦争時代の覚えがありました。中立の立場の大国が間に入って戦争を終結してくれるという、期待にも似た空気に支配されていたかもしれませんね。

瀬島龍三、謎の隠密行動

半藤　それはともかく、なぜそれほどまでに首脳部がソ連仲介の終戦工作にこだわったかについては、ほかでもない、瀬島龍三さんに「死ぬ前にこれだけは話してくれ」と私は言いたかったのですが、先日（二〇〇七年九月四日）亡くなってしまった。

瀬島さんは昭和十九年の十二月末から二十年二月にかけてソ連を訪れています。当人は、参謀次長秦彦三郎中将の命で、クーリエ（伝書使）として諸連絡でモスクワに行ったにすぎないと言っていますが、そんなバカな。開戦前から参謀本部作戦課に居座って「陰の参謀総長」ともいわれていた男が、わざわざ極寒のモスクワまで出かけていったのですよ。何か特別な使命があったに違いない。私は、その件についてインタビューしたことがあります（「文藝春秋」

半藤一利氏のインタビューを受けた時の瀬島龍三氏（平成二年）

平成二年九月号）。そのときの一部を紹介しましょう。

半藤「鈴木内閣のソ連仲介の和平工作を、瀬島さんはご存じだったんじゃないですか」

瀬島「私は知りませんでした。戦後、いろいろの話を聞いたり資料を見て判った限りでは、ソ連仲介案は、重臣が加わった国の最上層部だけでやっていたことのようですね。参謀本部でも、それに関わったのは参謀次長までで、部長以下は無関係だと思います」

半藤「本当にご存知なかったんですか」
瀬島「全く知りませんでした。和平の考えを持ち、鈴木内閣を陰でつくった、陛下のご信任が厚い岡田啓介は私の伯父になります。その岡田に新宿の角筈の岡田家で月に一回会っていましたが、その話は一切出ませんでした」

さきほど松本さんからもお話がありましたが、瀬島は岡田の義弟・松尾伝蔵の娘婿。この岡田が鈴木内閣の産みの親で、迫水書記官長は岡田の娘婿ですね。わざわざ岡田を持ち出すあたりは、まことに臭いものがあるわけです。

松本　瀬島さんというひとは、かなりソ連に対する感覚が甘いひとでした。

半藤　甘いですね。ですから自信満々に「モスクワでの下工作は成功した。ソ連仲介はうまく運ぶでありましょう」などと報告していたかもしれません。

松本　彼は終戦直後に日本軍人のシベリア抑留も認めてしまったでしょう。あれがどういうふうな惨状になるか、あるいは日本人にとってどれぐらい過酷なものになるかという想像力が働かなかった。ソ連に任せれば大丈夫だろう、というような感覚が、あのときにもあったのでしょうか。

半藤　そんな感覚だったかもしれませんね。しかし、もし瀬島さんの楽観的な報告を、瀬島さんの姻戚系統にある岡田啓介や迫水久常やさらには鈴木貫太郎はじめ、瀬島さんいうところの〝国の最上層部〟の連中が聞いてそれに乗っかったとすると……。

松本　彼らだけが、最後までソ連仲介による和平工作を信じていたということも、なるほど腑に落ちますね。そういえば、瀬島さんが昭和二十年二月に帰ってきたときに、すでにシベリア抑留の合意ができていたのではないかという穿った説もあります。つまり、ソ連が和平を仲介してくれる場合は、貢ぎ物として日本がさしだすものの中に軍人のシベリア抑留があり、その下工作を瀬島さんがやってきたのじゃないかという説ですが。

半藤　フーム、面白いですね。ま、その真偽はともかく、いずれにせよ陸軍上層部までが――私は、多分に瀬島の訪ソ報告を採用してと思われるのですが――ソ連仲介案については、ソ連の参戦を防止したいからと大乗り気になったことはたしかです。海軍もソ連からガソリンと飛行機を譲ってもらおうと乗り気になった。そのいっぽうで、外相の東郷茂徳はソ連に信をおいていませんでした。「対ソ施策はもはや手遅れである。軍事的にも、経済的にもほとんど利用し得る見込みはない」と、外務省に対ソ工作を果敢に進めよと迫った陸軍に、クギを刺しています。さっきもいったとおり鈴木首相もはじめはソ連に信頼をもっていなかった。さして気が進まないが、役立つことはすべて積極的にやろうという主義から、岡田・迫水・瀬島らのソ連仲介案に同意するのです。

そして指導者六人、鈴木首相、東郷外相、阿南惟幾陸相、米内光政海相、梅津美治郎参謀総長、及川古志郎軍令部総長が極秘裏に会談し、二十年五月十一、十二、十四の三日間にわたる会議で、対ソ交渉を三つの目標をもって開始することに決めた。一、ソ連の参戦の防止。二、ソ連の好意的中立の獲得。三、戦争終結に対してソ連をして有利な仲介をさせること。そしてこの第三点に関してはしばらく「時期をみて」という条件がつけられた。要するにこれが出発点でした。そして六月二十二日の御前会議をへて、この第三点の具体化が決定されたわけです。

松本　その、ソ連に信をおいていなかった東郷外相でさえ、ポツダム宣言が出された翌日の七月二十七日に参内し、「ことを急いで諾否の回答を与えず、調停依頼しているソ連の回答を待ってわが国の態度を決すべきが良策」と天皇に報告しています。そのあたりのことに関連しますが、佐藤尚武駐ソ大使が座談会で広田・マリク会談についてこんな発言をしていますね。「どうせ駄目と外務省は思っていて、大事な一カ月をムザムザつぶしているのですよ。私は情けなさを通りこしてバカバカしかった」と。

半藤　佐藤尚武さんはモスクワにいる人ですから、ソビエト共産党がいかに酷いかということを知っている。だからあの人は、ソ連仲介は無理だと確信していて、そういう電報を打っていました。スウェーデンのストックホルムにいた陸軍将校の小野寺信もたぶん同様の電報を打ってきていると思いますよ。彼もソ連の内情はかなり知っていましたからね。ところがこっちの当局は全部それを握り潰していたのですから、それこそ情けないことです。

東大七教授の和平工作

半藤 そして東京にも、ソ連を仲介にすべからず、と言っていたひとたちもいました。南原繁、高木八尺《やさか》、田中耕太郎、我妻栄、末延三次《すえのぶさんじ》、岡義武、鈴木竹雄の東大法学部七教授です。南原が昭和二十年三月九日に法学部長に就任すると同時に、その学問的研究もかねて終戦方策を考えた。その条文のひとつが、ソ連を仲介にすべからず、でした。この件に関しては学者のほうが冷静でしたね。

松本 もちろん当時はいっさい公にはされず、『昭和天皇独白録』にその影のようなものは認められるけれど、いまも詳細はわかっていない。

半藤 ええ。この七人は「この件はわれわれが学問的な立場から、国家のためにやることであるから」と、将来ともいっさいを秘密のまま葬り去ることを誓いあった。ために、わずかな記録しか残っていないのです。私は岡義武さんの著書などで知ったのですが、そこにはあるていどキチッと書いてありました。その構想は六項目にわかれているのですが、とくに興味をひかれるところを紹介しておきましょう。

一、一日も早く終戦すべきであるが、その時期としてはドイツ降伏の時がもっとも適切であり、遅くとも米軍が沖縄に上陸する前であること。
二、終戦を確実かつ迅速に実現するために、終戦の申し入れを直接、米国に対して行い、もしなんらかの事情によってそれが不可能な場合には、適当な第三国をえらびこれを通して米国に申し入れを行うようにし、ソ連を仲介者とする終戦申し入れは事態をいたずらに複雑にする恐れがあるから避けること。
六、戦後における国民道徳の基礎を確保するために、天皇は終戦に関する詔書において、とくに内外に対する自己の責任を明らかにするとともに、終戦後、適当な時期において退位することとし、さらに天皇制を維持するが、たとえば天皇の強大な大権を制限するなどの措置を講じて、その民主化をはかること。

ここには、その後のきわめて現実的な降伏の足取りが、見事に構想されています。あっぱれというしかありません。

原爆投下の言い訳

半藤　いずれにせよ、結局ポツダム宣言を「黙殺」したがために、それが原爆を使った理由にもされるし、ソ連の侵攻の理由にもされてしまいました。

松本　それはアメリカの言い訳であると同時に、先の久間章生防衛大臣の発言にまでつながっています。アメリカによる原爆投下は、ソ連の南下を差し止め、北海道占領を阻止するために「しょうがなかった」という（注・久間氏は平成十九年夏の参院選直前のこの発言で防衛相を辞任）。

半藤　じつは久間さんと同じように認識している日本人は決して少なくないんです。

松本　意味はまったく異なりますが、昭和天皇も同じような言葉を口にしていますね。

半藤　ええ。「戦争なのだからやむを得なかった」と。

松本　ただ、誤解があると困るのですが、あえて言うならその発言は、もしわれわれが原爆を先に開発していれば、自分だって投下の判子を押したかもしれないという、冷徹な戦争指導者の考え方なのだと思います。

半藤　戦争とはつまりそういうものです。非人道そのもの。人類の絶対的な悪ですからね。

松本　原爆の研究や開発はどこの国でもやっていました。ヒトラーもやっていましたし、日本だって微々たる規模ではありましたが開発しようとしていた。しかしアメリカは、完成した原爆を日本に対してだけ使用するという決定をし、さらにいつ落とすか、日本のどの都市に落とすかという検討を、じつに具体的に、粛々と進めていました。同じ敵国でもドイツに対しては落とさないという判断があった。

半藤　そのとおりです。原爆製造、いわゆるマンハッタン計画の総指揮官グローブス少将の、スチムソン陸軍長官あての四月二十四日付けの手紙に、「目標は一貫して日本でありました」という文章があります。ドイツが目標になったことはないのです。ここには明らかに人種差別があった。

松本　しかも、ポツダム宣言が黙殺されたから落としたと言っているけれど、実際にはその前に決定している。

半藤　ええ。ワシントン時間で七月二十四日夜、「第二〇空軍第五〇九爆撃隊は、一九四五年八月三日ごろ以降、天候が目視爆撃を許す限り、なるべく速やかに、最初の特殊爆弾をつぎの目標の一つに投下せよ。(目標) 広島、小倉、新潟および長崎」という命令書がポツダムに打電されています。そして、翌二十五日朝まだき、ポツダムより「陸軍長官はグローブス命令書を承認す」という至急報がワシントンのペンタゴンに届きます。すなわちこの日二十五日に、原爆投下命令は、トルーマン、スチムソン、マーシャル参謀総長、アーノルド陸軍航空軍総司令官らの承認を得て発動されたのです。二十五日午後にはテニアン島にあった原爆投下部隊に命令は送られています。

ちなみにポツダム宣言はワシントン時間の翌二十六日午後六時に、サンフランシスコ放送局より日本へ送られている。ワシントン時間二十六日午後六時は、東京時間で二十七日午前八時でした。

松本　八月九日の爆撃は、予定では小倉に落とすはずだったのだけれども、上空には雲がかかっていて目視ができなかったので、グルグル回った上で長崎に落とした。

半藤　投下時刻は広島が八時十五分で、長崎は十一時二分だったから、両日とも同時刻の発進とすれば、いかに長いこと小倉上空でグルグル回っていたかがわかります。

松本　原爆投下はあくまでアメリカの戦略上の方針にのっとって行われた。アメリカとすれば原爆の使用が、非戦闘員を攻撃してはいけないという国際法違反になるなんてことは百も承知の上で。

半藤　当然知っていましたよ。

松本　それを正当化するためには、ポツダム宣言が「黙殺」されたから、という理由づけは非常に都合がよかった。

半藤　うまい理由づけなんですけどねえ。けれど事実ではない。

原爆の怖さを知らなかった

松本　その行為は国際法も無視しているし、まさに非人道的な無差別攻撃なのですが、そう日本人が指摘すると、アメリカ人のジャーナリストは、「ではトルーマンがやったことはナチスがやったことと同じですか」というふうに反論をしたりする。そうすると日本人は、ウッと詰まってしまうんですね。しかし行為としては同じですよ。戦争それ自体が悪なのだから、そのもとでは誰だって同じようなことを考えるのだと思いますね。

半藤　松本さんの話の上にもう一つかぶせるならば、トルーマンにしろマーシャルにしろ誰にしろ、原爆の威力を実際には見ていないんですよ。

松本　そうですね。

半藤　原爆実験はしました、七月十六日にニューメキシコ州アラモゴードで。けれどそれが想像を絶するほどものすごいものだったということを知っているのは何人もいない。首脳はみんなポツダムに行っていて何も見てない。まあ、写真ぐらいは見たかもしれませんがね。

松本　だいたい実験といっても都市に落としたわけじゃないですからね。ハイゼンベルクをはじめとする原爆を開発した人びとは、惨禍としてどれくらいの影響があるものなのか、あるいはまた放射能の半減期間が何十年なのかというふうなことを理論的に、あるいは純科学的に知っているわけです。だからこそ、逆にそれをヒトラーなんかには使わせまいという、そういう判断を下すわけですけれども、上のほうの政治家連中は……。

半藤　知らないんですよ。

松本 それはトルーマンもわかっていなかった。

半藤 グローブス少将のもと、目標検討委員会の初会合は四月二十七日。そして五都市にしぼりこんだのが五月十二日（注・はじめは京都も入っていたが、のちに外された）。最終目標にされた四つの町というのはわりあい地理的ありようが似ていて、正面は海で、まわりを山で囲まれている箱庭みたいな町ですよね。アメリカは地方都市のほとんどを空襲で焼き尽くすなか、あの四つの町だけはB29の爆撃隊に焼いちゃいかんといって、残しておいたわけでしょう。ですから、まさに実験場。砂漠でやった実験を今度は効果がよくわかる都市でやってみようということだったわけですよ。これはやっぱり許すべからざる非人道的なもので、いかなる理屈をつけても許しちゃいかんのです。

松本 そうです。「しょうがない」なんていう理屈はどこにもありません。京都が助かったのだって陸軍長官のスチムソンが反対したからにすぎない。

ソ連侵攻の言い訳

松本 ソ連だって、四月の段階ですでに侵攻するのは決定済みで、どんどん極東に兵力を運んできています。

半藤 二月のヤルタ会談で協定したのはドイツ降伏の三カ月後に侵攻するということでした。

ということは、ドイツ降伏は五月七日ですから、八月の七日。実際には九日でしたから、結局、ほぼ協定どおりの行動となりました。

けれど仔細に経緯を見てみると、ソ連の日本への攻撃開始は、当初は八月二十二日から二十五日の間に国境を突破する予定となっていました。ところがポツダムにいたスターリンのもとに、アメリカの原爆実験が成功したという知らせが入る。スターリンは、アメリカは早晩日本に原爆を落とすぞと、すぐにピンとくるんですね。ならば侵攻は早めなくてはならないということで、極東軍総司令官のワシレフスキー大将に十一日に侵攻せよと命令を下します。ワシレフスキーは兵力も整わないし、武器弾薬のほうも十分でないから無理だと言って押し返すのですが、スターリンはとにかく十一日に侵攻せよと。ところが、八月六日に広島に落ちたものですから慌てた。十一日まで待ってなどいられないということで遮二無二変更して八月九日の侵攻になったのです。

松本 ですから、久間発言みたいに、ソ連の南下と北海道占領を留めるために原爆をアメリカが落としたというのは、まったくの認識違いなんですね。そういうひとが防衛大臣だったとは。いい人なんでしょうがねえ……。

半藤 たしかに防衛大臣があぁいう歴史認識では、いかにもお粗末だと思いますねえ。つまり、ソ連のほうもアメリカのほうもスケジュール通りなんですよ。それが軍の力学というものです。

道義なんかではとどめられない。双方が日本の降伏を目がけて競争したことは事実ではありますが。つまりソ連に日本が占領されなくてよかったと言わんばかりの久間発言は、愚の骨頂どころではありませんよ。

松本　要するに、アメリカの自己正当化にそのまま乗っているだけです。日本が戦後、戦史研究をしてこなかったこと、軍事学、戦史学を教えなかったこと、その欠陥が、今日あろうことか、現役防衛大臣の発言となって現われたのです。

北海道占領はありえなかった

半藤　北海道は占領されたかもしれないと久間さんは言ったわけですが、ところが北海道を占領する力など、昭和二十年八月の時点で、ソ連にはないんです。上陸用舟艇を一隻も用意できていなかった。歴史的事実としていうならば、八月十六日にトルーマンに宛ててスターリンが手紙を出しています。その手紙は何かというと、北海道を半分くれという手紙でした。「……北海道島の北半と南半との境界線は、島の東岸にある釧路市から島の西岸にある留萌市にいたる線を通るものとし、右両市は島の北半にふくめること」と。トルーマンは「とんでもない。断固としてノーだ」と、これを蹴った手紙は八月十八日付けでした。

これに対しスターリンは、八月二十二日付けで、不満タラタラの手紙を再度トルーマンに送ります。それでスターリンが何を考えたかというと、シベリア抑留なんですよ。ソ連極東軍総司令官ワシレフスキー大将に極秘の命令「捕虜にかんする実施要綱」を発したのが八月二十四日でした。いちばん大事なところを紹介しましょう。

「旧日本軍の軍事捕虜のうちから、極東とシベリアの気象条件のなかで労働可能な身体強健な捕虜を、最低五十万人選抜せよ」

　これがシベリア抑留のはじまりでありました。スターリンという男はじつにえげつないんです。そして、さらにもうひとつ面白いことには、今度は極東軍のワシレフスキー大将が、おそらくスターリンに尻を叩かれたのでしょう。八月の終わり頃に、何とかしてソ連兵を北海道に上陸させてくれと連合国軍総司令官のマッカーサー元帥に言うのですが、マッカーサー曰く、ひとりたりとも北海道に上陸するようなことは許さない、と。そんなことをしたら全員撃滅すると言って断ってしまう。というようないきさつがあったくらいですから、ソ連が北海道を占領するのを阻止するために原爆を落としたなんてことはあり得ないのです。まあ、しかしそれにしても、それくらいあの両大国のリーダーはいやらしい。

松本　水面下のとんでもない蹴り合いというのがあったのですね。

半藤　ですから、そういう意味ではソ連も許せないですね。単に中立条約を破壊しただけではなく、やったことはまさに侵略じゃないかと。

ポツダム宣言受け入れと国体の護持

松本　さて、ポツダム宣言それ自体に戻りましょう。それを受け入れるか受け入れないか、ということきに、どうにも判断がつかなかったのが、国体の護持、天皇がどうなるかということでした。

半藤　つまり問題になったのはポツダム宣言の六条です。「吾等は、無責任なる軍国主義が世界より駆逐せらるるに至る迄は、平和、安全及正義の新秩序が生じ得ざることを主張する……」。問題はこのあとですね。「日本国国民を欺瞞し之をして世界征服の挙に出づるの過誤を犯さしめたる者の権力及勢力は、永久に除去せられざるべからず」とある。その「権力および勢力」に、天皇が入っているのかいないのかということが、わからない。

松本　それから十条ですね。「戦争犯罪人の処罰」というところで、「日本人を民族として奴隷化せんとし又は国民として滅亡せしめんとするの意図を有するものに非ざるも、吾等の俘虜を虐待せる者を含む一切の戦争犯罪人に対しては厳重なる処罰を加へらるべし」という。「一切の戦争犯罪人」に天皇が含まれるのかどうなのか、ということですね。つまり国体がどうなるかというのは文面からはまったくわからなかった。

半藤　ポツダム宣言そのものが非常に曖昧に書かれていました。ですから、そういう意味では陸軍が、ポツダム宣言は呑めるものではない、と読みとったとしても、無理からぬところがありました。陸軍はもともと和平反対、本土決戦ですからね。

松本　まあ、あえて陸軍の弁護をすれば、天皇を守るつもりだったということなのでしょう。でもそれはたてまえで、ほんとうは戦うということしか考えていなかった。なぜなら、戦争をやめるときの条件について、陸軍はいっさい言いだしていないのですから。

ポツダム宣言は受諾せざるを得ないというふうに考えた天皇および外務省勢力というか、ほとんど政府全体で何とか陸軍を説得したいのだけど、なかなか猫の首に鈴を付けることができなかった。結局、ポツダム宣言を受諾して終戦に持っていけと判断したのは、昭和天皇でした。

半藤　ええ。これは余談ですが、聖断で終戦を導くことにしたのは、つまり、天皇に判断させたのはだれか、ということについて面白い話があります。木戸幸一の日記には自分がやったと書いてありますが、本当はそうではないらしい。千葉県野田市の関宿に鈴木貫太郎記念館がありますが、その記念館には戦争直後に出た『木戸日記』が所蔵されておりまして、その本に鈴木貫太郎が書き込みを残しているんです。「木戸はこう書いているが、これをやったのは私だ」と（笑）。貫太郎さんという人はあまり自慢話などはしない人でした。その人がやむにやまれずそう書いた。まあ、信じていいでしょう。

松本　鈴木貫太郎は天皇に判断させるということが憲法違反であることを知っていますから、

それをやるときはよほどの覚悟があったはずですよ。

半藤　ええ。もしかするとこれは大罪を犯すことになるということも承知していてやったことだと思います。だからこのことに関してだけは、木戸のウソは許せない、と思ったのでしょうか(笑)。

クーデターを阻止した阿南陸相

半藤　陸軍という猫の首になかなか鈴を付けることができなかったのは、ポツダム宣言を受諾してしまったらクーデターが起きると思っていたからです。木戸幸一内大臣など、二・二六事件の悪夢がよぎっておっかなびっくりでした。

松本　実際に八月十三日には、この座談会にも出席している荒尾興功軍事課長以下、六人の佐官らが阿南陸相にクーデター計画を持参したわけですからね。阿南は最後まで抗戦を続けるべきだと言って、いまとなれば悪役のような役まわりです。けれどクーデターを起こして戦争を続行するのだという下からの突き上げに対し、それは認めなかった。「聖断は下ったのである。不服のものは自分の屍を越えてゆけ」と言って、結局そこでクーデター計画は止められることになったわけですからね。迫水さんなどはかなり阿南擁護的な発言をしていますね。

半藤　阿南さんのことを腹芸だと言う人もいるのですが、私は決して腹芸ではなかったと思います。そうではなくて本気でかかった。でなければ部下の人たちは納得しませんよ。『高松宮日記』を読んでいたら、〝阿南の腹〟についておもしろい話がでてきました。八月十二日、高松宮のところへ陸軍参謀の三笠宮がやってきた。どうも阿南は当てにならない、と。阿南の腹をきちっと調べる必要があるから、それを確認するために、と鈴木貫太郎を呼びだすことにした。すると翌十三日早朝、高松宮邸を訪れた貫太郎さんは、両宮様を前にして「阿南さんは大丈夫です」と明言するんです。「阿南は動かない。自分についてきて和平をする」と述べたという話が出てきます。ああ、貫太郎さんだけは阿南さんを信じていたんだな、と思いました。ほかの人はみんな信じていませんでした。

もう一人の立役者・阿南陸相

松本　たとえば米内などは全然信じていなかった。それどころか、阿南の頭が悪いせいで、ぜんぜん陸軍を説得できないというふうに考えていますね。いま戦後のわれわれのなかには海軍性善説が浸透しているせいもあってか、阿南さんはだいぶ分が悪くて気の毒なくらいです。いま言われたように、鈴木貫太郎だけはわかっていたということになりますね。

半藤　阿南さんは天皇を守るという一点だけ。あとは一切考えていませんでしたから。天皇を守れないならば抗戦すると。天皇を守れるというならば降伏すると。そういう意味では阿南さんは一途でした。

松本　それに、天皇が決断を下したのだから、それに反するやつは俺が許さないという姿勢をとりました。迫水さんが、天皇に判断してもらうしかなかったと発言していますが、むしろ天皇に判断させたことによって、あの終戦がまさに完成したのだと思います。

詔勅の文言修正要求

松本　終戦の詔勅の文案を閣議にもっていったら、石黒忠篤農商大臣が「朕ハ神器ヲ奉ジテ常ニ爾臣民《ナンジ》ト共ニアリ」という文章の『神器ヲ奉ジテ』というのを取った方がいい」と提言したというくだりは面白いですね。「君ね、こういうことを書くものではないよ。アメリカが日本へやってきて、三種の神器というものに、非常に神秘を感じて向こうへもっていったら、どうするね」と言ったというのですね。

スコットランド王国には、歴代の王が即位式のときに座る聖なる石、「スクーンの石」という、いうならば神器のような宝物があったのですが、グレートブリテン王国としてイングランドに併合されたときにエジンバラ城から持ち去られ、ウエストミンスター寺院の戴冠式用の椅子にはめこまれてしまった。つまり征服した側からすれば、聖なる石などというものを残しておけば、いつまたスコットランド人が決起する憑《よ》り代《しろ》に使うかわからないというので持っていってしまったのでしょう。

スコットランド出身のブレア元首相ががんばって、ついに七百年ぶりに返還された、といわれるできごとを、ふと思い出してしまいました。

半藤 石黒忠篤というひとは、そういう史実を知っていたのかもしれませんね。

松本 ご存じのとおり石黒忠篤の父は石黒忠悳《ただのり》で、このひとは幕末に佐久間象山に弟子入りし、のちに軍医総監になった人物です。息子の忠篤も農林行政ばかりでなく歴史には詳しかったとすれば、スコットランドの屈辱を知っていたからこその、心配だったかもしれません。

半藤 持ち去られたら天皇制の存続が危うい、と。

松本 ええ、神器あるところに天皇あり、なのですから。

半藤 危うく日本は五十一番目の州にされていましたかな（笑）。

玉音放送はだれに向けて

松本　終戦の詔勅に関して、軍令部作戦第一部長だった富岡定俊さんも興味深い発言をしていますね。あれは実によくできている、と。「特に『軽挙妄動するな』とか、『堪え難きを堪え、忍び難きを忍び』なんていうのは、国民に対してではなく、軍を対象にしているな、と思う」と言っています。「堪え難きを堪え、忍び難きを忍び」というのは八月九日深夜の御前会議のときの、まさしく天皇自身の言葉でした。我われは、人びとが額ずいてラジオ放送を聞いているニュース映像を何百回と見ているせいで、終戦の詔勅は国民に向かってのメッセージのようにイメージしがちですが、なるほど、軍に対する語りかけであったかもしれません。承詔必謹派と徹底抗戦派のバッティングはいろいろなところで起きていたでしょうから。

半藤　なるほど、なるほど。おっしゃるとおり、そうかもしれませんね。十六日、十七日あたりはまだ引っ繰り返して徹底抗戦でいこうじゃないかという将兵がたくさんいました。

そういえば、海上護衛総司令部参謀の大井篤さん――この人は晩年に『高松宮日記』の編纂委員も務められましたが――から面白い話を聞いたことがあります。大井大佐は八月十五日の夕刻、横須賀から霞が関の軍令部へ出向いたのだそうです。そしたら軍令部作戦参謀だった柴勝男大佐が出てきて、「海上護衛総司令部はケシカラン。戦争行為をやめろという統帥命令が出ていないのに、戦闘行為をやめろという命令を勝手に出してしまったじゃないか。かかる勝手な命令は許されない。ただちに撤回命令を出せ」と言ったそうです。「あれは玉音放送で終戦の詔書が出されたから、私がこの手で起案したものだ。天皇陛下が戦争をおやめになったんだから、軍隊が戦闘行為を停止するのは当然ではないか」と大井さんが反発したら、柴勝男大佐曰く、「天皇陛下が戦争をおやめになるということと、大元帥が戦闘行為をおやめになることとは、まったく別だ」と。弱い天皇は降伏したが、われわれの大元帥はまだ降伏してないんだ、ということなのでしょう。大井さんはこれに対して、「大元帥というのは天皇陛下の家来だ。そうではないかッ。何を言うかッ」と怒鳴り返したのだそうです。軍人同士がこういう議論をしていたわけですから、「堪え難きを堪え、忍び難きを忍び」というあの言葉は、まさに軍人に訴えた言葉だったかもしれません。

志賀直哉の鈴木貫太郎評

半藤　少々、褒めすぎかもしれませんが、辞表も出さず、クーデターも認めず。最後までとにかく引っ張っていって、あとは俺が全部責任をとると言って最初に腹を切った阿南陸相。率直にいって、あの内閣に阿南さんがいたことはよかったと思いますよ。

松本　鈴木貫太郎首相にしても、たとえば上奏した対ソ和平工作が失敗すれば当然辞めろと言われるはずでしょう。

半藤　それまでの政治常識からいったら政策の大失敗ですから総辞職ですよね。けれどこの内閣は総辞職はしないと。「俺がケリつける」と言って戦争を終わらせた。そうそう、志賀直哉がじつにいい論評を書いています。昭和二十一年三月号の「展望」に発表した「鈴木貫太郎」という題の随筆です。

「正面衝突ならば、命を投出せば誰れにも出来る。鈴木さんはそれ以上を望み、遂にそれをなし遂げた人だ。鈴木さんが、その場合、少しでも和平をにほはせれば、軍は一層反動的になる。鈴木さんは他には真意を秘して、結局、終戦といふ港にこのボロ〳〵船を漕ぎつけた。吾々は今にも沈みさうなボロ〳〵船に乗つてゐたのだ。軍はそれで沖へ乗出せといふ。鈴木さんは舳だけを沖に向けて置き、不意に終戦といふ港に船を入れて了つた」と書いています。そして、終戦で鈴木さんの果たした大任は日本海海戦の東郷さんのそれよりも国民から感謝されていいと思う、と。

松本　なにしろ鈴木さんは、二・二六事件で銃弾を浴びながら九死に一生を得たひとですからね。

よくぞ戦争を終わらせた

半藤　歴史というのは面白くできているものだなあ、と私が思うのは、ほかでもない、昭和四

昭和二十一年の鈴木貫太郎・たか夫妻

年八月から昭和八年八月までの四年間、鈴木貫太郎と阿南惟幾が天皇のそばにいたという事実です。一方は侍従長で一方は侍従武官として。終戦時内閣の首相と陸相が、もしもよく知らぬ同士だったら、日本の終戦はこのようななりゆきには、なっていなかったかもしれません。

松本　そうですね。海軍と陸軍ですから、同時に天皇のそばにいたという条件以外にたがいをよく知る機会はなかったでしょう。しかも、年代的には満州某重大事件から満州事変までという、天皇が軍事で苦悩している時期に、このふたりは天皇をはさんで向かい合っていたのですね。

半藤　もしこうしためぐり合わせがなければ、終戦のさまざまな厳しい局面で、たがいの腹の底を見通すことはできなかったでしょう。歴史というのはこのような仕掛けをさりげなく仕込んでこの国に、あの夏、終戦という大団円を迎えさせた。日本の終戦で幸いだったことは、政府というものが少なくとも存在したまま負けたことですね。

松本　そうです。ドイツもイタリアも政府が解体していたために、無茶苦茶なことになってしまいました。日本には、いちおう政府というものが存続して、その政府の処置で戦争を終結することができた。

半藤　もしクーデターが起きて、閣僚が全員軟禁されるか殺されるかして、それで軍事政府ができて、さらに戦争を続けたらどうなっていたことか。それこそ無茶苦茶になって本当にソ連が北海道に侵攻してきて……（笑）。そういう意味では、まあ、日本の終戦は、批判しなきゃならないところはたくさんあるけども、よくあそこで終わらせたと、言っていいのかもしれませんね。

構成・石田陽子

補論

日本終戦史の問題点

半藤一利

戦争終結決定までの出来事について、いまなお無知や誤解が幅を利かしている。
かつまた謎がすべて明らかにされたわけでもない。
この項は、「四十四年後の解説」のなかでも議論となった
三つの問題について補うものである。

その一　原爆投下について

日本の戦争終結決定までの歩みをたどっていくと、八月六日の広島、九日の長崎への原子爆弾の投下が大きな意味をもってくる。もはや相手にそれほどの抗戦戦力がないとわかっていながら、このように神をも恐れぬことを、戦時下とはいえ、よくぞ人間がなしえたものよ、と考えざるをえない。

なるほど、昭和十九年（一九四四）九月十八日のハイドパーク協定において、原爆完成のあかつきには日本に対して使用するものとすると、米英の首脳が決定してはいる。そうした歴史的事実をうしろにおいたとしても、また原爆製造が猛烈に急がれてはいたが、その決定のときには原爆はいつ完成するか不明の状況下にあった。したがって、その爆発威力については想像の範囲をでていなかったのである。

しかし、翌二十年七月の時点ではそうではなかった。

七月十六日、ベルリン西郊のポツダムで米英ソ三国首脳会談がひらかれるその前日の朝まだき、米ニューメキシコ州アラモゴードで、人類初の原爆実験が行われていた。そしてその想像を絶する巨大な爆発力のことは、アメリカの政治および軍の指導者には充分に知らされていた。それが人類絶滅ほどの力をもつということが。にもかかわらず、指導者たちは、投下命令書に臆することなくサインをしたのである。はたして彼らは心のうちに一毫の動揺をも覚えることはなかったのであろうか。

投下の最終命令をだしたトルーマン米大統領は、その決定の責任を少しも回避しようとはせず、のちに書かれた『トルーマン回顧録』(恒文社)で、きわめて冷徹なことをいっている。「いつどこで原子爆弾を使用するかの最終決定は、私が下すべきことであった。この点に間違いがあってはならない。私は原子爆弾を軍事兵器としてみなしこれを使用すべきであることにいちども、なんらの疑問も抱かなかった。大統領付の最高軍事顧問たちはその使用を勧告し、また私がチャーチルと話し合った時、かれはためらうことなく私に向かって、戦争終結のために役立つかもしれないならば、原子爆弾の使用に賛成すると語った」

ここに出てくるチャーチル英首相と「話し合った時」とは、ポツダム会談の場においてであろう。ところが、当のチャーチルは『第二次大戦回顧録』(毎日新聞社)で、それをあっさり否定している。ポツダムでは「原子爆弾を使用すべきかどうか、その時に話し合ったことはない」と追想し、さらにこう記すのである。

「日本に降伏を強いるため原子爆弾を使用するか否かの決定は、一度も問題にならなかった。この歴史的事実は厳として存在しており、後世この事実は正しく判断されなければならない」

はたして偽りを書いているのは、トルーマンなのかチャーチルなのか。

また、原爆が完成する以前に対ドイツとの戦争は終結する、とハッキリしたあとになって、それならばということで、代わりに日本が標的になった、という説がこれまでいわれている。それが間違いであることはハイドパーク協定の事実が示すとおり。おそらくドイツが目標となったことなどいっぺんもなかったであろう。すなわち、その投下判断の根底には明らかに人種差別があったと、いささか僻《ひが》んでいいたくなる。

それを示すかのように、ドイツ降伏前の二十年四月二十七日、原爆投下の目標検討委員会がひらかれ、日本本土の十七都市がまず選定されているのである。さらにドイツ降伏直後の五月十二日になっての第二回委員会で、京都、広島、横浜、小倉の四都市に、さらに同二十八日の第三回委員会では京都、広島、新潟に絞りこまれる。その後にスチムソン陸軍長官の猛反対で、「歴史的都市」ということで京都が外れ、小倉と長崎が加わった。それは七月に入ってすぐのことである。

さらに松本健一さんとの対談でも語ったように、原爆投下命令は七月二十五日に、マリアナ諸島テニアン島を基地とする原爆部隊に発せられている。

「1　第二〇航空軍第五〇九混成航空群は、一九四五年八月三日ごろ以降において有視界爆撃が可能な天候になり次第、広島、小倉、新潟、長崎のいずれかを目標として、最初の特殊爆弾を投下する。爆弾の爆発効果を観測・記録する陸軍省の武官および文官の科学要員を運ぶため、特別の航空機が爆弾搭載機に随航する。観測機は、爆発点から数マイルの距離を保つ。

2　追加分の爆弾は、計画担当者による準備が整い次第、前記の目標に対して投下される。前記以外の目標に関しては、あらためて指示を発する。(3、4は略)」

この命令はワシントンの参謀本部で起案され、ポツダムにいた大統領の承認をえて、同じくポツダムにいた参謀総長よりワシントンに送り返され、それが最前線のグァム島の戦略空軍司令部に打電されたのである。ここで注目してほしいのは、降伏勧告のポツダム宣言が日本に伝えられる以前に、非情な投下命令は発せられているという事実である。

戦争という〝熱狂〟は、人間をやみくもに残忍、愚劣にして無責任へとかりたてるものなのであろうか。いや、途轍もなく強力な新兵器を、膨大な資金(二十億ドル)と莫大な労力(合計すると五十万人)をかけて造りあげたとき、それを使わないほうがおかしい、と、そう考えるのが人間というものなのか。

八月六日午前二時四十五分、テニアン島からエノラ・ゲイ号機は発進する。目視攻撃の可能な目標はどこになるかの問題は、前方を、広島、小倉、長崎に向かって分かれて飛んでいる三機のＢ29が解決する。機長チベッツ中佐にとっては、広島が目視攻撃不可となれば、小倉に向かうまでのことなのである。この攻撃作戦に参画したものは、政治家であろうが軍人であろうが、だれもこのとき、無抵抗の広島市民あるいは小倉市民のことなどを思い煩うものなどいなかった。もし心にかかる事があるとすれば、間違いなくこれらの目標都市には連合軍の将兵のいる捕虜収容所がないであろうな、ということぐらいであったであろう。すべては軍の力学にもとづく自然な流れに乗っていた。

その二　ソ連仲介による和平について

七月二十七日は日本の中枢部を震撼させた運命の日である。早朝に、降伏を勧告するポツダム宣言が送られてきたのである。宣言は、即座に降伏する以外の「日本国の選択は、迅速かつ完全なる壊滅あるのみとす」と明確に謳いあげていた。「完全なる壊滅」とは原子爆弾攻撃を意味していたというが、原爆実験の成功をまったく知らない日本は強気で、翌日の新聞は「笑止！　自惚れを撃砕せん」とか「政府は黙殺」を壮語し、煽られて政府もせっかくソ連に和平の仲介を頼んでいるのであるから、という理由もあって、記者会見をひらきこう声明した。

「このポツダム宣言は重大な価値があるとは考えない。ただ黙殺するのみである」

この黙殺（ノー・コメント）が、連合国には何としたことか、「日本はポツダム宣言を拒絶(reject)した」と報じられてしまうのである。これがのちの原爆投下やソ連参戦を正当化するための口実に使われることはよく知られている。

鈴木貫太郎内閣の戦争終結のための苦心の努力の過程において、このソ連仲介による和平工作ほど愚かな政策はなかったように思う。いったい、これはいつ議されたものか。そのことを語る外務省所蔵の文書「最高戦争指導会議構成員意見一致事項」がある。これはいつもは出席している幹事（内閣書記官長、陸海軍の両軍務局長、綜合計画局長官）を交えず、とくに首相、外相、陸相、海相、参謀総長、軍令部総長の六人だけが出席して決定したものであった。これが正式のものである。すなわち、㈠ソ連参戦の防止、㈡ソ連の好意的中立の保持、㈢ソ連による和平の有利なる仲介、の三項目の国策決定である。ただし第三項の実行については当分の間は伏せておくことにする、ということも決めた。じつに五月十一日のことである。もっとも、原物はのちの五月二十五日の空襲で焼失したため、後日あらためて同一内容のものを作成し、それがいまに残されている。

そして沖縄戦の敗北がもはや決定的となった六月十八日になり、戦争指導会議はこの第三項の、ソ連仲介による和平交渉のいよいよ発動を決めたが、直後の二十二日の御前懇談会で、さらに昭和天皇より「速やかに和平実現に努力せよ」との指示もあって、この和平工作は具体的に開始された。

ただし、それ以前に留意しなければならないことがある。工作がはじまってから後に、東郷茂徳外相は佐藤尚武駐ソ大使あてに何通もの電報を打っている。その電報の一つに、マリク駐日ソ連大使の質問に応じ「昨年特派使節問題にも言及せり」の文言のある六月二十八日付けの電報がある。じつは前年の十九年九月十六日にも、日本政府が特使の派遣をソ連政府に申し入れている事実があった、それを指している。日ソ友好の増進をはかるために、という理由づけがされている。が、その裏側で独ソ和平の斡旋を日本がしようという目的が秘められていたという。このとき、ソ連は素っ気なく日本の申し出を拒絶している。いずれにしても、鈴木内閣以前にもソ連の中立維持と和平仲介を願って、日本政府と軍部とがいろいろと策を練っていたのである。

そして溺れるものはワラをも摑むで鈴木内閣が行った必死の工作が、ポツダムでどう扱われていたか。旧ソ連の文書からごく一部を抜き出しておく。

「ポツダムでは七月二八日、ソビエト連邦、アメリカ、イギリスの首脳会談で次のようなやりとりが交わされた。

スターリン　私は、ソビエト代表団が日本からの新提案を受け取ったことをお知らせしたいと思う……（和平斡旋についての日本の覚書が英文で披露される）。

この文書には何も新しいことはない。ただ一つ、日本はわれわれに仲介を求めているだけだ。われわれとしては、前回と同じように返事しておこうと思う。

トルーマン　異議はない。

アトリー　賛成だ。

スターリン　私が知らせたかったのはこれだけだ。」

（『一九四一―四五年　大祖国戦争期の国際会議におけるソビエト連邦』第四巻、モスクワ、一九八〇年、ただし引用は『考証日ソ中立条約』ボリス・スラヴィンスキー著　高橋実・江沢和弘訳〔岩波書店　一九九六年〕に拠る）

国際政治がいかに酷薄であり苛烈なものであるかを、われわれに教えてくれる。

その三　天皇の「御言葉」について

八月十四日午前十一時少し前からはじまった、最後の御前会議における昭和天皇のお言葉については、下村宏情報局総裁の記述したものを、いちばん忠実に写しとったものとして、わたくしは『日本のいちばん長い日』に全文を注記しておいた。ところが、その後、千葉県野田市関宿の鈴木貫太郎記念館に下村筆の別の天皇の「御言葉筆記」が蔵されていることを知り、それにも目を通させてもらった。

くらべてみると、細かい字句の違いはあるものの、特に大きな差異があるというわけではない。ではあるけれども、『長い日』のお言葉のほうは、下村がほかの大臣の手記を参照し「鈴木総理にもたしかめて」としたが、あるいは鈴木首相が目を通したのは記念館蔵のほうであるかもしれない。そう考えると、これはこれで面白い史料ともおもわれるので、屋上屋を重ねるキライはあるが、付記しておく価値はあると考えたので掲載する（180ページ）。

また、松本健一さんとの対談でも話題になったが、例の「耐え難きを耐え、忍び難きを忍び」は、陸海軍人にたいするお言葉であるかもしれない、という富岡定俊さんの指摘は、すこぶる刺激的であった。いや、その観点で読むと、詔勅全体が陸海軍人たちを教え諭すためのものであったようにも見えてきた。

『長い日』でも注記しておいた梅津参謀総長の鉛筆書きのメモも、また、大本営陸軍部戦争指導班『機密戦争日誌』（錦正社）所載の吉積正雄軍務局長の要旨メモも、ともに、昭和天皇は陸海軍人に敗戦を納得させるため懇々と語っているようにも読める。どちらにも「耐え難きを耐え、忍び難きを忍び」の言葉は記されてはいないが。

戦争終結がいかに真剣刃渡りのような危険を内蔵したものであったことか、あらためてそれが痛感される。

天皇陛下の御言葉筆記

外に別段意見の発言がなければ私の考を述べる

反対側の意見はそれ〴〵良く聞いたが、私の考は此前申した事に変りはない、私は世界の現状と国内の事情とを充分検討した結果是以上戦争を継続することは無理だと考る、国体問題に就て色々疑義があると云ふ事であるが、私は此回答文の文意を通して、先方は相当好意を持て居るものと解釈する、先方の態度に一脈の不安があると云ふのも一応は尤もだが、私はさう疑ひたくない、要は我国民全体の信念と覚悟の問題であると思から、此際先方の申入を受諾して宜しいと考へる、どうか皆もさう考へて貰ひたい

更に陸海軍の将兵にとって武装の解除なり保償占領と云ふ様な事は誠に堪へ難い事だ、其等の心持は私には良く解る、然し自分はいかにならうとも、万民の生命を助けたい、此上戦争を続けては結局我邦が全くの焦土となり万民に是以上の苦悩を嘗めさせる事は私としては実に忍びがたい、祖宗の霊に御応へが出来ない、和平の手段によるとしても、元よ

り先方の遣り方に全幅の信頼を置き難いことは当然ではあるが、日本が全く無くなると云ふ結果に較べて少しでも種子が残りさへすれば更に又復興と云ふ光明も考へられる

私は明治大帝が涙を呑んで思ひ切られたる三国干渉当時の御苦衷を偲び此際耐へ難きを耐へ忍び難きを忍び、一致協力将来の回復に立ち直りたいと思ふ

今日まで戦場に在て陣没し或は殉職して非命に斃れたる者、又其遺族を思ふときは悲嘆に堪へぬ次第である、又戦傷を負ひ戦災を蒙り家業を失ひたる者の生活に至りては、私の深く心配する所である

一般国民には今まで何も知らせずに居つたのであるから、突然此決定を聞く場合動揺も甚しいであらうから此際私としては為る事があれば何でも厭はない、国民に呼びかける事が良ければ私は何時でも「マイク」の前にも立つ

陸海軍将兵には更に動揺も大きいであらう、此気持をなだめる事は相当困難なことであらうが、どうか私の心持を能く理解して陸海軍大臣は共に努力し良く治まる様にして貰ひたい、必要あらば自分が親しく説き諭しても構はない

此際詔書を出す必要もあらうから政府には早速其起案をして貰ひたい

以上は私の考へである

〔鈴木貫太郎記念館蔵〕

●座談会の再録については、著作権保持者（死亡の場合は著作権継承者）の許可を得ましたが、一部に不明の方がありました。やむなく無承引のままに再掲したもののあることをお断りいたします。お心当たりの方は小社文春新書編集部までお申し出ください。

半藤一利（はんどう　かずとし）

1930年、東京生まれ。東京大学文学部卒業後文藝春秋入社。『週刊文春』『文藝春秋』各編集長、専務取締役等を歴任。2021年、逝去。著書に『日本のいちばん長い日』『[真珠湾]の日』『指揮官と参謀』『永井荷風の昭和』『聖断』『ソ連が満洲に侵攻した夏』『昭和史』『昭和史　戦後篇』『遠い島ガダルカナル』『日本国憲法の二〇〇日』など多数。『漱石先生ぞな、もし』で第12回新田次郎文学賞を、『ノモンハンの夏』で第7回山本七平賞を受賞。

文春新書

594

日本《にほん》のいちばん長《なが》い夏《なつ》

2007年10月20日　第1刷発行
2021年6月25日　第9刷発行

編　　者　　半藤一利
発行者　　大松芳男
発行所　株式会社　文藝春秋

〒102-8008　東京都千代田区紀尾井町3-23
電話（03）3265-1211（代表）

印刷所　　理想社
付物印刷　大日本印刷
製本所　　大口製本

定価はカバーに表示してあります。
万一、落丁・乱丁の場合は小社製作部宛お送り下さい。
送料小社負担でお取替え致します。

ISBN978-4-16-660594-1

半藤一利・保阪正康
昭和の名将と愚将
責任感、リーダーシップ、戦略の有無、知性、人望……昭和の代表的軍人22人を俎上に載せて、敗軍の将たちの人物にあえて評価を下す
618

半藤一利
日本型リーダーはなぜ失敗するのか
日本に真の指導者が育たないのは帝国陸海軍の参謀重視に遠因がある――戦争の生き証人達に取材してきた著者によるリーダー論の決定版
880

半藤一利・保阪正康・御厨 貴・磯田道史
「昭和天皇実録」の謎を解く
初めて明らかにされた幼少期、軍部への抵抗、開戦の決意、聖断、そして象徴としての戦後。1万2千頁の記録から浮かぶ昭和天皇像
1009

半藤一利・佐藤 優
21世紀の戦争論
昭和史から考える
蘇る七三一部隊、あり得たかもしれない占領政策。八月十五日では終わらないあの戦争を昭和史とインテリジェンスの第一人者が語る
1072

半藤一利編・解説
なぜ必敗の戦争を始めたのか
陸軍エリート将校反省会議
和平は開戦か――太平洋戦争開戦直前に陸軍は何を考えていたのか。中堅将校たちが明かした本音とは。巨大組織の内幕が見えてくる
1204